"十四五"职业教育国家规划教材

特殊教育专业应用型系列教材

特殊教育概论

丛书主编：邓　猛

主　　编：李　里　邓　猛

参　　编（排名不分先后）：

　　　　陈科春　陈　晓　邓　猛　李　里

　　　　石　红　肖琳熹

Teshu

Jiaoyu Gailun

北京师范大学出版集团

BEIJING NORMAL UNIVERSITY PUBLISHING GROUP

北京师范大学出版社

U0659766

图书在版编目(CIP)数据

特殊教育概论/李里，邓猛主编.—北京：北京师范大学出版
社，2021.11(2025.7 重印)
ISBN 978-7-303-27671-4

Ⅰ.①特… Ⅱ.①李… ②邓… Ⅲ.①特殊教育—职业
教育—教材 Ⅳ.①G76

中国版本图书馆 CIP 数据核字(2021)第 269031 号

出版发行：北京师范大学出版社 https://www.bnupg.com
　　　　　北京市西城区新街口外大街 12-3 号
　　　　　邮政编码：100088
印　　刷：天津中印联印务有限公司
经　　销：全国新华书店
开　　本：787 mm×1092 mm　1/16
印　　张：13.75
字　　数：203 千字
版　　次：2021 年 11 月第 1 版
印　　次：2025 年 7 月第 4 次印刷
定　　价：42.00 元

策划编辑：余娟平　　　　　责任编辑：孟　浩
美术编辑：焦　丽　　　　　装帧设计：焦　丽
责任校对：陈　荟　　　　　责任印制：马　洁

► 总　序

改革开放以来，党和国家政府十分关心和支持特殊教育的发展，特殊教育迎来了加速发展的春天。尤其是新时代以来，一系列重要的特殊教育政策纷纷出台，明确了特殊教育发展的战略目标和任务。党的十八大报告明确提出要支持特殊教育；党的十九大报告提出要办好特殊教育，"努力让每个孩子都能享有公平而有质量的教育"；党的二十大报告进一步提出了强化特殊教育普惠发展的目标，阐明了特殊教育的基本公共服务性质，强调特殊教育是教育现代化的重要内容。从"支持""办好"到"强化"，体现了党和政府保障特殊儿童平等教育权利的重大措施，强化对特殊教育的支持和保障，努力使特殊教育发展惠及每一个特殊儿童，促进他们健康成长。

特殊教育要发展，师资须先行。新中国成立 70 多年以来，我国特殊教育师资培养经历了从无到有、从幼稚到成熟的漫长发展历程。特殊教育师资培养逐步从解放初期的"师傅带徒弟"和"短期培训班"的形式，发展到完整的职前职后相互衔接、互为补充的特殊教育教师培养体系。到目前为止，全国已经有多所高等院校分别开办了专科层次、本科层次、研究生层次的特殊教育专业。我国已经初步构建起了从专科层次到研究生层次相衔接的完整的特殊教育人才培养体系，基本形成了本科层次为主，专科层次为补充，研究生层次逐步扩大的人才培养格局。

专业人才的培养是个复杂的、系统的工程，教材的建设是其中关键的一环。从整体发展的角度看，特殊教育教材建设基础薄弱，发展较慢。改革开放以后主要以不同版本的特殊教育概论或者导论性质的单本教材出版，后来逐步有特殊教育相关系列教材的出版。例如，北京大学出版社、北京师范大学出版社、南京师范大学出版社分别出版了针对特殊教育本科生培养的系列教材。这些教材多以理论知识为主、实践技术为辅，比较适合本科生毕业后的继续深造以及就业后的可持续性专业发展，对于特殊教育第一线急需的应用型人才培养则稍有不足。

在我国教育领域，本专科层次的高等职业院校扮演着重要的角色，它们为国家基础教育培养应用型人才。高等职业教育以适应社会需要为目标，以培养技术应用能力为主线来设计学生的知识、能力、素质结构和培养方案；强调理论教学和实践训练并重，培养学生直接上岗工作的能力。特殊教育的人才培养由20世纪90年代的中等师范教育发展而来，教师教育特色鲜明。中等师范教育的全科培养、特长培育的教学观、贯穿全程的实践观等传统一脉相承，为我国教育发展做出了重要贡献。在特殊教育尚处在初步发展，规模、质量还不够发达的现在，高等职业院校的特殊教育专业建设尤为重要。特殊教育的人才培养以职业岗位需要为依据，着眼于第一线的特殊教育需求，着重培养高素质技术技能人才，为我国不断加速发展的特殊教育学校贡献新生力量。

目前，国内针对本专科层次的高等职业院校特殊教育专业师范生的教材体系建设相对滞后，还没有一套完整的适合高等职业院校特殊教育专业师范生培养的教材；而针对师范大学特殊教育专业本科生的教材体系无法满足其专注实践、面向应用的价值趋向。2020年以来，在襄阳职业技术学院的具体协助下，应北京师范大学出版社的邀请，我们成立了高等职业院校特殊教育专业师范生教材丛书编写委员会。该委员会汇集了全国特殊教育学术界及部分基层的代表50余人，共编写出版40多本教材，为高等职业院校特殊教育专业及相关专业的本专科生提供一套理论与实操相结合的教学用书。本套丛书的整体设计特点有如下几方面。

第一，面向日益增加的残障类型对特殊教育范围进行扩展。例如，随着一系列与现代文明相关的残疾与适应性障碍不断增加，以精神残疾、孤独症、注意力缺陷及多动症、学习障碍、情绪行为困扰等为特征的残障类型不断出现，特殊教育范围不断扩展，从关注感官障碍，到关注各种发展性障碍，进而扩展到关注更为广泛的特殊教育需要的范畴。

第二，着眼于国际融合教育发展的趋势及国内随班就读的实际，以"拿来主义"的方式审视国外特殊教育各种理论与操作技术，深耕国内特殊教育研究与实践，构建从特殊教育到融合教育演进的专业知识体系。本套丛书涵盖当代特殊教育的基本理念与知识体系，又面向融合教育理论与实践进行全面的介绍与探讨；旨在为培养特殊教育专业化程度较高的实践性创新人才服务，使他们毕业后能够在特殊教育学校(机构)从事特殊教育专业实践，并能够在普通教育环境中实施融合教育教学。

第三，从多学科交叉融合的角度出发，培养特殊教育综合性人才。本套丛书综合运用教育学、心理学、医学、康复学、社会学、管理学等多个学科的知识，融会贯通为教育和康复两个领域。从教育的角度出发，包括特殊教育基本原理、融合教育理论与实践、残障儿童心理及行为特点、特殊教育课程及教学实践等内容。从康复训练的角度看，包括针对各类儿童的康复知识和技能、训练干预技术、支持辅助策略等内容。

第四，基于项目式学习的思路，着重专业应用与实践技术的培养。本套丛书立足建构主义教学观，从实际问题或者案例出发，彰显学生为中心的设计理念；以活动为基础促进学生主动参与，以情景设计促进师生平等互动；在设计上体现融合教育倡导的通用学习设计理念，以数字技术为基础，通过线上线下混合的方式开展教学活动设计，通过资源优化与扩展带动学生自我学习与成长。

概而言之，本套丛书试图跳出特殊教育学科的理论话语体系，从实践者的视角来构建特殊教育知识与技能，为高等职业院校本专科师范生提供一套操作性强、覆盖面广的基础教材。鉴于该项任务并无前人经验可借鉴，又因为编者水平有所局限，不足之处难以避免，敬请国内同行批评指正。

2022 年 12 月 12 日于华东师范大学田家炳大楼 711 室

▶ 前 言

习近平总书记在做党的二十大报告时提出"完善残疾人社会保障制度和关爱服务体系，促进残疾人事业全面发展""强化特殊教育普惠发展""办好人民满意的教育"等明确要求，深刻阐释了特殊教育应有的普惠性质，明确了特殊教育的基本公共服务性质，为中国特殊教育未来发展指出了方向。习近平新时代中国特色社会主义思想强调坚持以人民为中心、坚持新发展理念、坚持社会主义核心价值体系、坚持在发展中保障和改善民生等纲领性内容，推动中国特色特殊教育的发展。

自改革开放以来，中等及高等特殊教育师范专业先后在我国设立，使特殊教育教师培养终于从师傅带徒弟的"小作坊"走上科班出身的"正规军"。这一过程漫长而艰辛，几代特殊教育人俯首耕耘。有了学生却没有教材，如同有了队伍却没有武器。教材建设事关人才培养，更与学科发展息息相关。从各个学科发展的普遍规律来看，一本概论类的书往往是学生打开专业大门的钥匙。高等院校中各个专业学者，无论文、理、医、工、商，无不重视概论类教材的建设与使用，往往是写了又写，改了又改。对于撰写概论类教材，学者们往往乐此不疲。一则是因为概论类教材对于学科及教学的重要性，二则是因为一本好的概论类教材往往奠定学者在某一特定领域的学术地位。所谓概论，望文生义，意指概而言之，或者是某个事情的概括。万丈高楼平地起，概论是一个学科的基础。基础越厚实，学科大厦越牢固，学生的专业坚守与发展就越有指望。概论类教材讨论一个特定学科的基本性质与范畴、发展历史与基本概念、特定理论与实践方式等话题，为学生形成特定的专业立场与学科视野，掌握该学科的基本知识与技能奠定基础。因此，概论类教材是教师的希望寄托，是学生成长的摇篮。

早在 1991 年，朴永馨先生领衔为中等师范学校特殊教育专业师范生主编了《特殊教育概论》(由华夏出版社出版)。这是我国第一部特殊教育概论类教材。随着中等师范学校在我国逐渐退场，本科院校特殊教育专业不断发展。1995 年，朴永馨先生在福建教育出版社出版了《特殊教育学》，第一次正式使用"学"的名称，为特殊教育学科发展奠定了坚实的基础。1998年，汤盛钦先生在上海教育出版社出版了《特殊教育概论》。2003年，刘全礼先生在教育科学出版社出版了《特殊教育导论》，首次突破中外特殊教育概论类教材的"总论"谈特殊教育概念及历史和"分论"谈各类残疾儿童特点及教法的二分法，开始从特殊教育学科特性、历史沿革、行政管理、课程教学、教师发展等特殊教育的基本范畴着手进行内容组织与呈现。2005年，方俊明先生在人民教育出版社出版了《特殊教育学》，为大学本科和研究生提供了一本较为全面的特殊教育专业教材。自此之后，以特殊教育"概论""导论""基础"等为名的教材层出不穷，为特殊教育学科发展及人才培养构建了扎实宽广的知识平台。

近些年来，随着高等职业院校的加速发展，特殊教育及融合教育专业及方向的招生范围与规模不断扩大。高等职业院校是我国高等教育的重要组成部分，也是社会职业岗位分化发展的需要。它主要为社会培养生产岗位、管理岗位、服务岗位等面向一线工作的技术应用型专业人才，简而言之就是培养服务社会的技能型人才。从当前特殊教育教材建设来看，为本科及研究生培养准备的一些特殊教育概论类教材知识"象牙塔"味道太重，离实践的"前沿阵地"太远；这些教材的呈现方式过于系统化和理论化，灌输多、操作少，说教多、动手少，知识多、案例少，不能满足高等职业院校学生的需求。因此，为高等职业院校特殊教育、融合教育专业学生有针对性地编写《特殊教育概论》就非常必要了。

本教材由昆明学院李里教授领衔编写。其内容涵盖基本的儿童观与残疾观、概念与历史、残疾分类与特征、政策与管理、课程与教学等领域，较为全面地概括了特殊教育所涉及的基本知识与技能。说来复杂，其实不过"儿童"二字。残障儿童首先是儿童。这是一切特殊教育理论与方法的起点，也是归宿。本教材要体现"儿童"的视角，从共性出发，从特性着手，关注儿童发展。希望能为高等职业院校特殊教育专业学生全面掌握特殊教育基础知识，进一步学习相关特殊教育技能奠定坚实的基础。本教材从问题出发，从案例着手；根据项目式学习的原理进行编写，遵从通用学习设计的原理，采取多样化的呈现方式；充分体现数字时代的特点，综合化、立体化地呈现拓展阅读等材料；内容丰富、形式多样，充分体现以学生为中心来组织教材内容的特点；

是一本体现基础性、全面性、前沿性以及创新性的教材。

李里教授是我在北京师范大学教育系学习时的师姐，我们俱是 20 世纪 80 年代的新一辈，有着类似的时代烙印与坚守。理想的旗帜从未褪色，家国情怀念念在心。师姐并非特殊教育出身，却始终抱有大爱。只因当年在学校听朴永馨先生的特殊教育选修课，所以当昆明学院创办特殊教育专业的时候她毅然挺身而出，白手起家，在七彩云南之地带出了一支特殊教育专业团队，发展了一个特殊教育学科阵地。更重要的是，十余年来，师姐踏遍了云南的崇山峻岭，走遍了山村小镇，帮助残障儿童入学读书，建立云南省特殊教育资源中心网络管理平台，发展融合教育。一桩桩，一件件，犹在眼前。师姐性情高雅，志趣高远；埋头耕耘，无心名利；造福于特殊儿童及家庭，从不计较个人得失；闲暇之余，唯读书品茶而已。我与师姐相识时间并不长，但倾盖如故，志趣相投，更加珍惜同门情谊和同为特教人之梦想！如今，师姐已然退休，在身体有恙的情况下，带着年轻人，几易其稿，终于完成本教材的编写工作。此情此志，令人感动至深，唯愿师姐平安顺遂！

本教材从策划到正式出版，得到北京师范大学出版社余娟平编辑的大力支持，在此表示衷心的感谢！本教材章节按项目任务来安排，项目便是章。本教材的作者分工如下：肖琳熹，项目二、项目九；陈晓，项目七、项目八；陈科春，项目三、项目五；石红，项目一；李里、邓猛，项目四、项目六。全书由邓猛、李里、肖琳熹老师统稿。感谢王玉兰、雷东、干鱼琼等特殊教育学校一线教师提供的教材案例。由于作者水半有限，书中不足之处难以避免，请国内同行多多指正！

邓猛

华东师范大学田家炳大楼 711 室

185 项目九　个别化教育计划

项目一　特殊教育概述

篇前语

　　从党的十八大"支持特殊教育"，到党的十九大"办好特殊教育"，再到党的二十大强化特殊教育普惠发展，可以看出党和国家对特殊教育的重视程度和支持力度在不断加大，特殊教育也进入了前所未有的快速发展时期。

项目思维导图

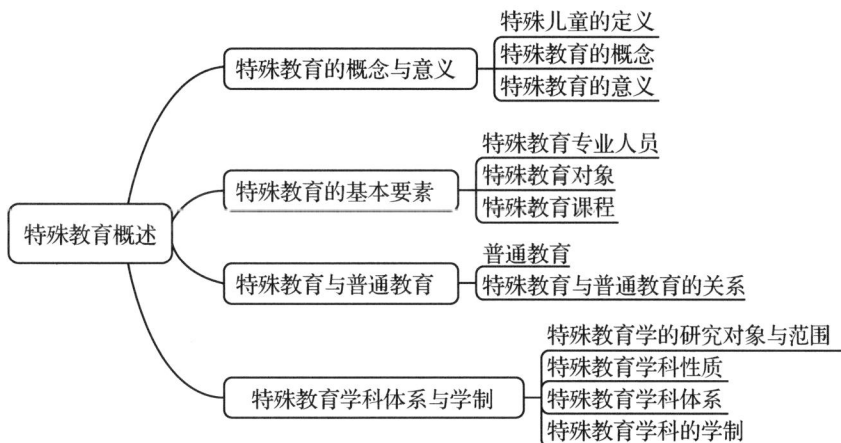

特殊教育概述
- 特殊教育的概念与意义
  - 特殊儿童的定义
  - 特殊教育的概念
  - 特殊教育的意义
- 特殊教育的基本要素
  - 特殊教育专业人员
  - 特殊教育对象
  - 特殊教育课程
- 特殊教育与普通教育
  - 普通教育
  - 特殊教育与普通教育的关系
- 特殊教育学科体系与学制
  - 特殊教育学的研究对象与范围
  - 特殊教育学科性质
  - 特殊教育学科体系
  - 特殊教育学科的学制

学习目标

知识目标

1. 熟悉特殊教育的基本概念。

2. 熟悉特殊教育的基本要素。

3. 掌握特殊教育教师应具备的素质与要求。

能力目标

1. 能用特殊教育的基本知识初步分析特殊教育案例。

2. 能用融合教育的理念解读目前我国特殊教育现象。

素养目标

1. 认同特殊教育的意义和专业性、独特性、复杂性。

2. 热爱特殊教育事业、热爱特殊儿童，具有特殊教育从业的意愿。

课前预习

想一想：1. 回顾与特殊儿童或特殊人群的接触经历和感受。

2. 什么是特殊教育？

3. 特殊教育的基本要素是什么？

4. 特殊教育教师应具备哪些素质和要求？

5. 特殊教育与普通教育有什么不同？

6. 如何理解特殊教育的学科体系？

练一练：访谈特殊教育教师，了解特殊教育理论在特殊教育日常实践中的价值。

▶任务一
特殊教育的概念与意义

📎 | 任务情境 |

他是一个"坏孩子"吗？

小林，男，7岁，小学一年级学生。上课时，他不能按老师的要求专心听讲、回答问题。稍不留意，他就钻到桌子下面，在教室里爬来爬去，在墙上、桌面上乱画，拿其他同学的东西，一分钟都不能安静。老师和他谈话时，他不能倾听，无法集中注意力，不回应，总是东张西望。

任务：在一些老师和家长的眼里，他就是一个"坏孩子"。假如你是他的老师，你认为小林是一个什么样的儿童？你认为这个儿童是不是特殊教育的对象？

教育的目的就是要促进每个学生多样化和个性化的发展。要实现这个目的，就必须尊重学生个体间和个体内的差异，根据学生的个别差异有针对性地实施教育干预，挖掘潜能，让他们都能获得合适的发展。什么是特殊儿童？什么是特殊教育？特殊教育有哪些意义？这些就是我们在本部分的学习中要完成的任务。

一、特殊儿童的定义

特殊教育与普通教育最大的区别就是教育对象的不同。特殊教育的对象是在智力、感官、情绪、肢体、行为或言语等方面存在明显差异而需要接受特殊教育的儿童，即特殊儿童或特殊教育需要儿童。事实上，由于各个国家和地区的社会经济、教育发展水平不一致，特殊教育的发展历程和特点也不相同，因此对特殊教育对象的界定也有差别。一般而言，哪些儿童才是"特殊儿童"，如何界定"特殊教育需要儿童"呢？

（一）特殊儿童

特殊儿童有广义和狭义两种理解。广义的特殊儿童是指与普通儿童在各方面有显著差异的各类儿童。这些差异可表现在智力、感官、情绪、肢体、行为或言语等方面。狭义的特殊儿童则专指残疾儿童，即身心发展上有各种缺陷的儿童。它又称为"障碍儿童"，包括智力障碍、听力障碍、视力障碍、肢体障碍、言语障碍、情绪与行为障碍、多重障碍等类型。

20世纪80年代起，欧美一些国家开始用"特殊教育需要儿童"代替"特殊儿童""残疾儿童"的称呼。其范围有所扩大，泛指由残疾、环境条件、文化因素等多方面原因导致严重学习困难的儿童，他们需要接受特殊教育和专业服务。

（二）特殊教育需要儿童

《特殊教育辞典》指出，特殊教育需要儿童是指因个体差异而有各种不同的特殊教育要求的儿童。它涉及特殊儿童身心发展、学习、生活等各方面长期或一定时期高于或低于普通儿童的要求。这不仅包括对某一发展中缺陷提出的要求，也包括对学习有影响的能力、社会因素等提出的要求。

1978年，英国《沃诺克报告》(The Warnork Report)首次提出了"特殊教育需要"这个概念。该报告认为儿童的特殊教育需要既包括那些因身体、感觉、心理的缺陷或者情感上、行为上失调所导致的对教育的地点、内容、时间、方法的特殊需要，也应包括其他有某种困难的儿童在教育上需要额外帮助的特殊需要。"特殊教育需要"概念的提出，扩大了特殊教育的范围和数量。1981年，英国正式用"特殊教育需要"取代了过去对残疾儿童传统的分类方法，提出：与大多数同龄人相比，学习有较大困难的儿童、身有残疾不能使用普通教育资源和设施设备的儿童、存在以上两种情况或者没有得到特殊教育服务的儿童是特殊教育需要儿童。

二、特殊教育的概念

（一）特殊教育的定义

特殊教育是国民教育体系的一个重要组成部分，是使用一般的或经过特别设计的课程、教材、教法和教学组织形式以及教学设备，对特殊儿童进行的旨在达到一般或特殊培养目标的教育。特殊教育的目的和任务就是最大限度地满足社会的要求和特殊儿童的教育需要，补偿他们的缺陷，发展他们的潜能，让他们增长知识、获得技能、完善人格，增强社会适应能力，成为对社会有用的人。

（二）教育方法

特殊儿童往往既存在显著的个体间差异，又存在明显的个体内差异。要满足他们的特殊教育需要，就要发现其优势，发挥其潜能，增强他们的自信心，选择能满足他们个别化需求的教育方法。

1. 整合课程，调整内容

全面参与同等优质的课程是每个儿童的基本权利。从国家课程出发，针对每个儿童的独特性，进行差异化与多元化调整，因材施教，满足教育对象个体有差异的需要。

2. 尊重差异，因材施教

尊重每个特殊儿童在障碍类型、身心发展、学习生活技能等各方面的差异，及时转变角色，采用不同的教学方法，让每个特殊儿童都能得到最大程度的发展。

3. 悦纳儿童，多元评价

对特殊儿童采取以传统的能力为基础的评价方式不符合特殊儿童的身心发展特点。教师应结合个别化方案，运用多元化评价方式，在不同的情境中对特殊儿童开展生态化、动态化、个别化的评价。

（三）教育安置模式

在特殊教育活动中，对不同类型、程度、有不同需求的特殊儿童，在一定时期内应采取不同的教育安置模式，以适应特殊儿童的教育需求。1970年，美国特殊教育专家迪诺根据"最少限制环境原则"（Least Restrictive Environment Principle）提出了特殊儿童的"阶梯式服务"模式，至今已被广泛使用，如图1-1所示。

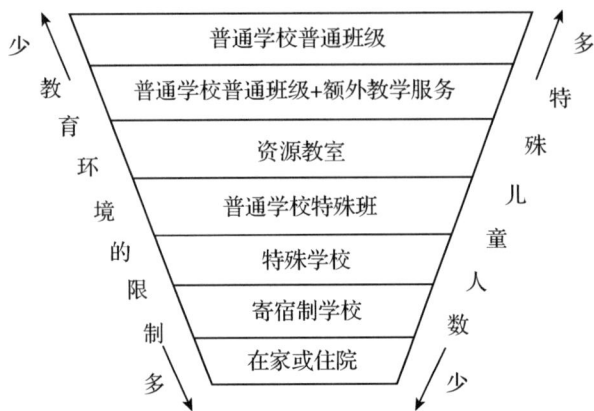

图 1-1　特殊儿童的"阶梯式服务"模式

三、特殊教育的意义

这里所谈的意义是放在我国的教育环境中来分析的。特殊教育是我国教育事业的重要组成部分，是彰显教育公平的重要内容。21 世纪以后，我国特殊教育事业取得了很大的发展。党的十八大提出"支持特殊教育"的目标，党的十九大提出"办好特殊教育"的要求，党的二十大提出强化特殊教育普惠发展的任务。我国特殊教育在党和政府的有力支持和推动下，进入了高速发展时期。

（一）发展特殊教育，有利于特殊儿童受教育权利的保障，推进教育公平

人人享有平等受教育的权利，是作为一个公民享有的基本权利的必要条件，也是实现教育公平的基础与前提。残疾人能否获得公平与正义，是衡量一个社会文明进步与否的试金石。强化特殊教育普惠性，是中国共产党人坚持人民至上的价值理念和初心追求。随着特殊教育的发展，特殊儿童与普通儿童平等享有高质量教育的权利，已经得到广泛的社会认同。加快特殊教育发展是促进教育公平的重要任务，也是社会主义核心价值观的直接体现。

（二）发展特殊教育，有利于保障和改善民生、推动社会主义和谐社会的构建

教育具有促进个体思想意识和行为能力社会化的功能，也就是说教育是一种将"自然人"培养成"社会人"的发展过程。对于特殊儿童来说，这一过程就是特殊教育。特殊教育始终是党和政府高度重视和关心的一项民生事业。发展特殊教育，利用教育的和谐发展带动社会和谐发展，最终实现和谐社会的构建。

（三）发展特殊教育， 有利于创造平等、 参与、 共享的融合教育新时代

2014 年、2017 年、2020 年先后颁发《特殊教育提升计划(2014—2016 年)》《第二期特殊教育提升计划(2017—2020 年)》和《教育部关于加强残疾儿童少年义务教育阶段随班就读工作的指导意见》，有力推动了我国融合教育的发展。特殊儿童与普通儿童在共同的教育环境中友好相处、团结互助，享有优质教育资源，接受适性优质的教育。这既是教育实践的践行，也是人类社会对教育的美好追求的体现。

（四）发展特殊教育， 有利于教育现代化的整体实现

随着经济的快速发展和人民生活水平的提高，人民群众对教育的需求更为多样，对更高质量、更加公平、更具个性的教育需求也更为迫切。党的十八大以来，以习近平同志为核心的党中央坚定不移实施科教兴国战略和人才强国战略，坚持优先发展教育，深化教育改革，加快教育现代化，办好人民满意的教育。要实现教育现代化，就不能缺少其中占据重要位置的特殊教育的发展。

同步考核 ·····▶

一、判断题

1. 20 世纪 80 年代起，欧美一些国家开始用"特殊教育需要儿童"代替"特殊儿童""残疾儿童"的称呼。(　　)

2. "特殊教育需要"概念的提出，缩小了特殊教育的范围和数量。(　　)

二、单选题

1. 广义的特殊儿童除残疾儿童外，还包括(　　)。

A. 障碍儿童　　　　　　　　B. 超常儿童

C. 缺陷儿童　　　　　　　　D. 低常儿童

2. 将特殊儿童安置在何种教育形态中，起决定性作用的是(　　)。

A. 教育机构的特点　　　　　B. 家长的观念

C. 师资的特点　　　　　　　D. 特殊儿童的特点

3. 下面有关特殊儿童的陈述中符合新的儿童发展观的是(　　　)。

A. 特殊儿童是身心不正常的儿童

B. 特殊儿童是身体不健康的儿童

C. 特殊儿童是心理不健康的儿童

D. 每一个儿童都可能出现发展性的特殊需要

三、填空题

1. 特殊教育需要儿童是在生理上、心理上、智能上异于普通儿童，具有特殊的＿＿＿＿＿＿＿＿＿＿需要的儿童。

2. 特殊教育是促进＿＿＿＿＿＿＿＿的重要保证。

3. 在特殊教育活动中，对不同类型、程度、有不同需求的特殊儿童，在一定时期内应采取不同的＿＿＿＿＿＿＿模式，以适应特殊儿童的教育需求。

| 拓展阅读 |

最少限制环境原则

最少限制环境原则是美国对残疾儿童进行安置所遵循的基本原则。"最少限制环境"这一概念最早出现于 20 世纪 70 年代。美国国会于 1975 年颁布了《全体残障儿童教育法案》(Education of All Handicapped Children Act)。该法案将"最少限制环境"确定为残疾儿童教育安置的基本原则之一。其核心是将限制残疾儿童接触普通儿童与社会生活的环境因素减小到最低程度，即根据特殊儿童的实际情况，尽可能将其安置在普通班中与普通儿童一起学习和生活，而非限于仅有特殊儿童的狭小环境中。

▶任务二
特殊教育的基本要素

教育主体、教育客体和教育内容是教育的三个基本要素。虽然对特殊教育的定义有不同的表述，但从内涵上分析：教育主体是指特殊教育专业人员；教育客体是指特殊教育对象，即特殊儿童；教育内容即特殊教育课程。因此，特殊教育专业人员、特殊教育对象和特殊教育课程构成了特殊教育的三个基本要素。

一、特殊教育专业人员

特殊教育是一个非常复杂且充满多样化特征的、不断发展的领域，面对的是在各方面存在明显差异的特殊儿童。为了因材施教，充分挖掘儿童的潜能，实施个别化教育，就需要相关的专业人员的专业服务，如特殊教育教师、心理学人员、诊断和评估人员、康复治疗师、社会工作者等。除此之外，家长、志愿者等多方面人员的参与也是非常重要的。

（一）特殊教育教师

教育事业的发展，关键在教师。特殊教育要发展，教师须先行。教师队伍的素质直接决定着一所学校的办学能力和水平。特殊教育对象的差异性和复杂性，以及需要特别设计的教法、教学组织形式等决定了特殊教育工作的艰巨性，对特殊教育教师的思想素质和专业化水平有更高的要求。

1. 特殊教育教师的素质和要求

特殊教育教师除了需要具备普通教育教师的基本素质和知识技能外，还应具备特殊教育的专业知识和能力。因此，特殊教育教师的资质要求应该比普通教育教师的要求更高。在一些特殊教育发展水平较高的国家，特殊教育教师必须具有普通教育教师和特殊教育教师两种资格证书。

特殊教育教师要具备崇高的师德、良好的心理素质、较好的身体条件、扎实的专业知识技能、较强的科研能力和终身学习的能力。2015 年 8 月，教育部发布了《特殊教育教师专业标准(试行)》，分别从专业理念与师德、专业知识、专业能力 3 个方面 14 个领域对特殊教育教师提出了专业要求。该专业标准既遵循了普通教师专业发展的一般规律和共性要求，又针对特殊教育的特殊性、多样性和复杂性提出了特殊教育教师专业发展的核心要求，为特殊教育教师的培养、准入、培训、考核提供了重要依据。

该专业标准以师德为先、学生为本、能力为重、终身学习为基本理念，在专业理念与师德方面突出特殊教育教师的职业精神和正确的特殊儿童观、特殊教育观。该专业标准在专业知识方面强调特殊教育教师要具备满足特殊儿童需要的复合性知识和个别化教育、多学科知识与生活实践相整合的策略与方法。该专业标准在专业能力方面强调特殊教育教师要具备特殊教育需要的、丰富多样的专业实践能力和专业可持续发展必须具备的学习、研究、反思等核心能力。该专业标准的颁布对新时期我国特殊教育教师的专业发展、特殊教育教师队伍整体质量和特殊教育质量的提升有着极大的促进作用，标志着我国特殊教育教师队伍建设已走向标准化、规范化和专业化的发展轨道，为后续不同类型特殊教育学校教师专业标准的出台和特殊教育教师资格、准入、考核等制度的建立奠定了基础。

师德是特殊教育教师从事特殊教育职业的重要前提，也是根本的一项素质。特殊教育教师每天面对有着各种缺陷的儿童，只有有着更多的热爱和坚守才能呵护这些儿童茁壮成长。高尔基说过："只有爱孩子的人才能教育孩子。"特殊教育教师只有爱这些儿童，才能真正成为他们的支撑、家长的期待。因此，《特殊教育教师专业标准(试行)》明确提出"师德为先"的理念，就是对特殊教育教师提出更高的教师道德与伦理方面的要求。2019年10月，教育部出台的《特殊教育专业认证标准》，在特殊教育专业毕业要求中首先提出"践行师德"，涵盖了师德规范和教育情怀。因此，特殊教育教师应立志成为有理想信念、有道德情操、有扎实学识、有仁爱之心的好老师；具有人道主义精神、积极的情感、正确的价值观和残疾人观、特殊儿童发展观和教育观；关爱儿童，尊重儿童人格，富有爱心、责任心、耐心、细心和恒心；做儿童健康成长、适应社会、融入社会的指导者和引路人。

2. 特殊教育教师发展的现状

近年来，随着社会、经济、文化的不断发展和社会文明的不断进步，我国特殊教育事业的发展也取得了显著成绩。根据《2022年全国教育事业发展统计公报》，全国共有特殊教育学校2314所，特殊教育学校共有专任教师有7.27万人，招收各种形式的特殊教育学生14.63万人，在校生91.85万人。

特殊教育学校专任教师从1978年的0.4万人发展到2022年的7.27万人。在数量上有较大增长的同时，教师队伍建设的重心也从数量增长转向了质量的提升和教师的可持续化发展。但与特殊教育发展水平较高的国家相比，我国特殊教育师资还存在数量不足、专业化不强、复合型人才短缺、队伍不稳定、分布不均衡等问题。

3. 特殊教育教师的培养与培训

特殊教育教师的培养与培训一般包括职前培养与职后培训两个方面。特殊教育的发展离不开高层次、高素质的特殊教育教师。英国、美国、俄罗斯、日本等国家在特殊教育教师培养与培训方面起步早，建立了比较完备的机制和体系。20世纪80年代开始，我国先后在北京师范大学(1986年)、华东师范大学(1988年)、华中师范大学(1990年)、西南师范大学(现归入西南大学)(1993年)、陕西师范大学(1993年)、重庆师范大学(1993年)等开设了特殊教育专业。现在全国培养特殊教育专业人才的本专科院校发展至80余所，部分高校还陆续开设了硕士研究生、博士研究生培养点。

2014年，国家出台了《特殊教育提升计划(2014—2016年)》，明确提出要支持特殊教育的发展，加强特殊教育教师队伍建设，在严把特殊教育教师质量关的同时提高特殊教育教师的福利待遇。2017年出台的《第二期特殊教育提升计划(2017—2020年)》，在巩固之前计划成果的基础上，加强专业化特殊教育教师队伍建设，规定"对特殊教育教师实行5年一周期不少于360学时的全员培训"。2015年教育部颁布的《特殊教育教师专业标准(试行)》，对特殊教育教师的专业化、严格化培养，提高特殊教育教师队伍质量都有很大的促进作用。

为了解决我国当前特殊教育发展的困境，我们需要不断优化特殊教育教师队伍结构，提高其教育教学和科研水平。当前，在特殊教育教师培养与培训上，我们要从以下几个方面做出努力：一是提高特殊教育专业人才的培养质量，重点培养适合特殊教育需要的复合型人才；二是实行普通教育教师资格证和特殊教育教师资格证双证上岗制度；三是注重职业道德和专业情感的培养，培养德才兼备、执着奉献的特殊教育教师；四是建立完善的终生性、一体化的特殊教育教师培养与培训体系。

（二）家长

家庭是儿童成长的摇篮，家长是孩子的第一任老师。特殊儿童的成长、教育离不开家长的配合与参与。近年来，随着大众对特殊教育认识的深入和专家学者、教师的研究，家长在特殊儿童教育中所产生的作用日益凸显。

1. 家长的作用

在特殊教育过程中，除了特殊教育教师和康复训练师的教育与训练外，家长的积极参与和支持会让特殊儿童的教育出现良好的发展。大量的特殊教育案例证明：家长的积极支持有助于特殊儿童的身心、生活技能、社会适应能力、个性等的较好发展；有助于家长自身特殊教育、康复专业知识技能的提升，形成教育合力，营造适宜于特殊儿童的发展环境；有助于推动教育公平、和谐社会的发展和"办好特殊教育"大格局的形成。

2. 家长的培训

既然特殊儿童家长的参与和支持是特殊教育合力的一个重要组成部分，那么对家长的思想素质、知识能力等方面必然有较高要求。但由于家长在思想素质、学历层次、文化水平、职业状况等方面参差不齐，他们在特殊教育中发挥的作用也有很大差异，因此需要对家长进行经常性的培训。培训主要围绕相关的政策法规、正确的特殊儿童观和教育观、基本的教育辅导、康复训练、护理知识技能以及和谐家庭环境的创设等方面，采取家访、家长培训班、家庭教育咨询、网络培训、继续教育等方式来开展。

（三）其他从事特殊教育和相关服务的专业人员

为满足特殊儿童的教育康复需求，除了特殊教育教师以外，常见的其他相关人员还有诊断和评估专业人员、心理学专业人员、听力学专业人员、言语学专业人员、康复治疗专业人员、社会工作者等。这些相关人员来自不同学科与专业领域，他们共同组成特殊教育的专业团队，合作协同、各司其职，共同为特殊儿童提供高质量的教育及专业服务。

二、特殊教育对象

从特殊教育的内涵上分析，特殊教育对象即特殊儿童或有特殊教育需要的儿童。从国内外的特殊教育发展史来看，特殊教育对象的界定是随着社会经济、教育的发展在不断发展变化的。从单一类型的残疾儿童发展到不同类别的特殊儿童，特殊教育的范围在逐渐扩大。各个国家在界定特殊教育对象时也不尽相同，有的涵盖范围较广的特殊儿童，有的专指狭义的残疾儿童。我国特殊教育起步晚，前期发展缓慢，特殊教育对象主要是指狭义的特殊儿童，即残疾儿童。

根据特殊儿童在生理、精神、心理、情绪、行为等方面的障碍情况，我们可将特殊教育对象分为生理异常、精神心理异常的特殊儿童和其他障碍儿童。生理异常特殊儿童主要包括视觉障碍儿童、听觉障碍儿童、肢体障碍儿童等；精神心理异常特殊儿童主要包括智力发展落后儿童、智力发展超常儿童、孤独症儿童、情绪行为障碍儿童等；其他障碍儿童主要包括多重障碍儿童、学习障碍儿童等。

三、特殊教育课程

课程是指学校学生所应学习的学科总和及其进程与安排，特殊教育课程即特殊学生所应学习的学科总和及其进程与安排。有人认为课程即教材，也有人认为课程即活动。无论是教材还是教学活动，它们都是课程体系中的组成部分。对于身心、学习、生活等方面有明显差异的特殊学生，无论是在课程目标、课程内容、课程实施、课程评价等诸多要素中，还是在知识传授、技能训练和态度、情感、价值观培养的各个环节上，都应满足他们的特殊教育需求。

新中国成立以来，我国特殊教育课程改革从单一走向多元、从封闭走向开放、从静态走向动态。以聋校为例，新中国成立之初，课程目标主要是照搬普通学校的教学计划。1957年4月，《教育部关于办好盲童学校、聋哑学校的几点指示》提出，应特别注意发展聋哑儿童的视觉、触觉和运动觉等感觉器官，借以补偿他们的听觉缺陷。1984年7月，《教育部初等教育司关于征求对聋哑学校教学计划意见的通知》再次明确了聋校的培养目标。1993年10月出台的《全日制聋校课程计划(试行)》总目标表述中明确提到，对听力语言残疾学生实施全面发展的基础教育，补偿生理和心理缺陷。2007年2月出台的《聋校义务教育课程设置实验方案》的培养目标特别提到，使聋生"具有生活自理能力、社会适应能力和就业能力"，"培养自尊、自信、自强、自立的精神"。

随着特殊教育的发展，特殊教育领域形成了补偿性课程、发展性课程和功能性课程等不同的课程范式。补偿性课程、发展性课程与功能性课程的设计取向必须兼顾特殊学校的类型和学生的具体特殊教育需要，以融合为导向，注重课程内容的合理整合与分化，做到相互渗透、和谐统一。

基于此，要处理好三者的关系，我们需要注意以下几个方面：就特殊学校的类型来说，盲校、聋校课程设置可以发展性课程为主要取向，兼顾课程的功能性和补偿性。

培智学校的课程可以功能性课程为主要取向，兼顾课程的发展性和补偿性。就学生障碍的程度来说，中、重度障碍学生课程的功能性要高于其他学生。就障碍的程度来说，相对而言，重度或兼有多重障碍学生的课程更趋向于功能性和补偿性的设置。

同步考核 ……▶

一、判断题

1. 特殊教育专业人员指的就是特殊教育教师。（　　　）

2. 特殊儿童的成长、教育离不开特殊教育教师，家长不用配合与参与。（　　　）

3. 就学生障碍的程度来说，轻度障碍学生课程的功能性要高于其他学生。（　　　）

二、单选题

1. 以下（　　　）不属于特殊教育教师。

A. 物理治疗师 B. 资源教师

C. 随班就读教师 D. 特校少先队辅导员

2.《特殊教育教师专业标准(试行)》明确提出（　　　）的理念。

A. 能力为先 B. 学生为先

C. 师德为先 D. 专业为先

3.《第二期特殊教育提升计划(2017—2020 年)》规定，对特殊教育教师实行 5 年一周期不少于（　　　）学时的全员培训。

A. 200 B. 260 C. 300 D. 360

三、填空题

1. 特殊教育教师应立志成为有_____、有_____、有_____、有_____的好老师。

2. 我国特殊教育对象主要是指_____。

3. 培智学校的课程可以_____为主要取向。

三种特殊教育课程范式

补偿性课程范式始于 19 世纪，其对应的教育模式为医学养护模式。补偿性课程范式是基于医学理论的假设所形成的课程价值取向，把特殊儿童看作有某种病理缺陷的个体，进而设想这些儿童需要特殊的教育。补偿性课程范式的目标主要聚焦于学生技能缺陷的矫正和补救，关注儿童本身的残疾缺陷及其对学习的影响，能够针对因残疾引起的学习困难与障碍进行缺陷补救教学。例如，因为聋童耳聋不会说话，补偿性课程就想方设法地试图通过语言训练，促进其语言方面的发展。

发展性课程范式在 20 世纪 60 年代后兴起，其对应的教育模式为心理发展模式。发展性课程范式是基于心理学的发展阶段性理论，认为特殊儿童的发展遵循着个体发展的一般规律。他们在认知、交流、情感、运动和生活自理技能方面与其他人有着同样的发展顺序和层级性，尽管在发展速度、发展程度上会有所差异。发展性课程范式主张在课程内容的设置上应当全面、系统，应包括儿童发展每一阶段、层级的重要能力的教学。发展性课程范式强调课程结构的严密性和层级性，在课程的设置上应该根据特殊儿童发展阶段的规律设置目标，将需要学习的能力或技能分解为一个从简单到复杂的课程目标层级。在学科教学中，它更强调知识学习的逻辑顺序和系统完整，且能够使用正式的测评方法。

功能性课程范式兴起于 20 世纪 90 年代，其对应的教育模式是社会生态学模式。社会生态学模式是基于社会生态学的理论假设，认为残疾形成的障碍只是表示个体（有某种健康状况）和个体所处的情境因素（环境和个体因素）之间发生交互作用的消极方面，即个体参与社会活动的功能受到限制。比如，对于双腿截肢的儿童，我们不能简单地认为他没有行走的能力，他只是行走的功能受到限制。这种限制不仅是因为双腿残疾，而且包括环境的因素。如果我们提供轮椅，把楼梯附加上安全的坡道，他同样可自己独立地行走、爬楼。功能性课程范式倡导采用"功能性学科"，强调把学科性知识技能与学生的实际生活相联系，认为学习内容是服务于个体当下和未来生活的学科性知识技能，即个体在日常生活领域，包括在家庭、社区、工作场所、休闲和学校环境中所需要的技能和行为发展。它强调将课程内容与真实生活情境相结合，以提高特殊儿童的知识迁移能力与解决实际问题的能力。

▶任务三
特殊教育与普通教育

🔗 | 任务情境 |

两起孤独症儿童事件

2012年9月，发生于某地的两起孤独症儿童事件引起社会的广泛关注。

7日，该地一所小学的19名家长写联名信，要求一名随班就读孤独症儿童离校。这个钢琴水平达到7级的孤独症儿童被迫离校。

14日，家住该地的9岁孤独症儿童因与同学发生摩擦，被校方建议回家休养。

任务：你认为这两个孤独症儿童能否接受普通教育？为什么？

特殊教育与普通教育是相对应的概念，都是国民教育体系的重要组成部分。相较于普通教育，特殊教育起步较晚，发展较缓慢。在较长的一段历史时期里，教育资源分配不均衡，且呈现向普通教育倾斜的现象。改革开放以后，随着我国经济社会和教育事业的高质量发展，特殊教育在整个教育体系中的地位越来越重要，进入了一个关键发展期。从特殊教育与普通教育的现实情况来看，两者存在诸多交汇之处。随着教育公平理念与实践的深入发展，特殊教育的发展逐步从隔离走向融合。融合教育主张最大限度地让特殊学生进入普通学校，平等享有普通教育资源。2017年修订的《中华人民共和国残疾人教育条例》提出："融合教育是指将对残疾学生的教育最大程度地融入普通教育。"

一、普通教育

由于专家学者有不同的教育观，对于普通教育的定义有很多表述，这反映出人们对教育、对学校、对教育者和受教育者以及对社会不同的看法。一般认为，普通教育是以升学为目标，以基础科学知识为主要教学内容，有目的、有计划、有组织地对受教育者身心施加影响的学校教育。普通教育体系包括学前教育、小学教育、初中教育、高中教育和高等教育。当然，从现实情况来看，普通教育的内涵也可以相对于其他教育类型来界定。如相对于职业教育、高等教育、成人教育，普通教育属于基础教育的范畴。相比其他教育类型，普通教育起步早、发展时间长、体制相对完善、体系比较完整。

普通教育内容具有以下几个特点：①普遍性，其内容比较稳定且具有普遍意义，适用于任何领域。②持久性，其内容一般是经长期实践和经验积累形成的，且能持续发挥作用。③基础性，其内容是学习其他专业知识必需的基础。④全面性，其内容一般涵盖了各主要领域的知识精华。

二、特殊教育与普通教育的关系

正是因为教育对象的不同，才形成了分别适合于特殊教育与普通教育的教育目标、教育内容、教育模式、教育评价等。特殊教育和普通教育虽然是两种不同的教育类型，但也有共同之处。普通教育的一般规律在特殊教育中也是适用的，特殊教育的原则与方法也通用于普通教育。从特殊教育的发展脉络来看，特殊教育一直都有普通教育的线索与元素。普通教育的变革会触动特殊教育的改变，推动特殊教育的发展，对特殊教育产生显著的影响。特殊教育方法与技术的进步也反馈给普通教育，为教育所有儿童提供有价值的参考与借鉴。公民素质随着普通教育的发展而大幅提升，整个社会对特殊教育的认知度、接纳度也不断提高，反过来又促使特殊教育获得更多的发展机会和资源。相对于普通教育，特殊教育更重视个别化教育，更强调在教育中因材施教，更注重社会、学校、家庭的合力，满足不同学生的特殊需要。这些尊重个体差异、强调教育整体性和系统性的"大教育"观点，对普通教育也有很多的启发。

近几年，我国的特殊教育领域大力推行融合教育理念，提出了"普校主体，普特融合"的特殊教育发展思路，开启了全面推进融合教育、逐步实现特殊教育现代化的征程。

（一）从多元智能理论看特殊教育与普通教育的关系

多元智能理论是美国教育学及心理学家加德纳提出的。加德纳提出，智能是在特定的文化背景下或社会中解决问题或制造产品的能力。而人类至少存在八种智能，分别是音乐智能、身体—动觉智能、逻辑—数学智能、语言智能、空间智能、人际智能、自我认知智能和自然观察智能。每一种智能在人类认识和改造世界的过程中都发挥着重要的作用。

加德纳指出，在以一元化智能为基础的统一制式学校里，每个学生都学习相同的核心课程，用纸和笔来完成标准化考试。学校依据考试成绩排列出等次顺序，实际上这是完全不公平的。这样的测试更多强调了语言智能和逻辑—数学智能，否定了智能的多元化，使学生身上的许多其他重要智能得不到承认和开发。为什么一些在智力测验中无法被确认为"聪明智慧"的人，在他们各自擅长的领域中却取得了杰出的成就？根据加德纳的多元智能理论，许多教育工作者实现了这一理论与教育实践之间的结合，提出了像个性化教育这样的教育理念。教育工作者应尽可能多地了解每个学生在学习上的特点和擅长的项目，并利用这些信息给每个学生提供适合的、理想的教育。

根据儿童不同的身心特点、个性气质、期望需要以及个人的表达方式、潜在才能，特殊教育与普通教育实现了分流。两种教育形式是基于儿童不同的生理特征、智能结构和发展的可能性，为有不同教育需要的儿童而存在的。多元智能理论为这种教育价值理念提供了有力的证据，使每个人都能依其不同的智能获得最佳的发展。传统的教育观念导致一些特殊儿童的家长不愿意承认其孩子的"特殊性"。他们倾向于忽视孩子的身心特点、智力水平、学习生活技能等的差异性，导致孩子错过了接受最佳评估、教育的时机。

（二）从融合教育理念看特殊教育与普通教育的关系

融合教育又称全纳教育。1994 年，联合国教科文组织在西班牙萨拉曼卡召开世界特殊需要教育大会，通过了《萨拉曼卡宣言》和《特殊需要教育行动纲领》，首次正式提出"融合教育"的理念。根据融合教育的理念，所有的人都是平等的；每一个儿童都有接受教育的权利；教育实施应该考虑每一个儿童的特点、兴趣、能力和学习需要的广泛差异，提供多样化的、差异化的支持与资源。特殊儿童不应被隔离在特殊教育环境中，他们必须有机会进入普通学校。通过融合，特殊儿童和普通儿童在同一个场所接受教育。教师应该通过教学环境、教学内容、教学方法等的设计来适应特殊儿童和普通儿童不同特点的学习，满足特殊儿童的特殊教育需要。

融合教育的核心是教育公平，让每一个儿童都能享有优质教育。融合教育理念让特殊教育与普通教育实现了融合。融合教育注重个别差异，注重因材施教。如果普通学校的教师对融合教育采取积极的态度，掌握了相关的理论知识并应用到教育实践中，不仅对特殊儿童，而且对普通儿童也会产生事半功倍的教学效果。融合教育让特殊儿童与普通儿童在同一个场所共同学习，让他们在接触中相互了解、相互接纳、相互尊重，对他们人生观、价值观的发展均能起到很好的促进作用。融合教育不仅给予特殊儿童公平的受教育权利，而且为特殊儿童和普通儿童的共同成长与发展提供机会，对教育质量的整体提高具有积极的作用。

融合教育理念提出后，逐渐在世界各国得以推广。许多国家纷纷开展融合教育。近几年，随着我国特殊教育事业的发展，融合教育也得到了广泛的认可和实践，主要以随班就读的形式来实施。

但是，目前融合教育在发展过程中存在以下几个问题：融合教育支持保障体系不够完善、不够健全、不够有力；广泛地接纳特殊儿童、尊重特殊儿童的意识尚未完全形成；特殊儿童进入普通学校的比例低，就学困难；普通学校教师对特殊儿童的认识存在误区，对融合教育持消极态度；课程设置及教师的专业技能达不到融合教育要求。

同步考核 ......▶

一、判断题

1. 每个学生都学习相同的核心课程，用纸和笔来完成标准化考试。学校依据考试成绩排列出令人信服的等次顺序，实际上这是完全公平的。（ ）

2. 随班就读是在我国体现融合教育思想的重要教育形式。（ ）

3. 特殊教育的特殊性体现在其安置形式上是隔离的。（ ）

二、单选题

1. 个性化教育的理念与( )理论相关联。

A. 一元化智能   B. 多元智能

C. 特殊智能   D. 个性智能

2. 关于我国特殊教育的安置形式表述正确的一项是( )。

A. 安置在特殊教育学校   B. 安置在普通学校特殊班

C. 安置在普通学校普通班   D. 包括以上三种形式

3. 关于随班就读表述不正确的一项是( )。

A. 随班就读是推进特殊教育发展的一项教育政策

B. 随班就读是残疾学生的主要教育安置方式之一

C. 随班就读是让残疾学生与其他学生一样达到相应的学业目标

D. 随班就读是促进残疾学生平等融入社会的重要手段

三、填空题

1. 普通教育具有_____、_____、_____、_____的特点。

2. 融合教育就是接纳所有学生，反对_____、_____、_____的教育。

3. "全纳教育"的概念是由_____正式提出并进行阐释的。

| 拓展阅读 |

融合教育

融合教育原是一种用来描述特殊儿童融入普通儿童的班级、学校社区环境，参加学习和社会活动的专业术语。其基本含义是不要把特殊儿童孤立于隔离的封闭的教室、学校、交通设施和居住环境之内，主张那些特殊儿童能真正地和普通儿童一起参加学前教育、基础教育和高等教育，最大限度地发挥特殊儿童的潜能。最初，融合教育只是一种对特殊儿童进行教育安置和教学策略的建议。但是，融合教育不只是单纯地指某种特殊教育安置形式和策略，而是一种渗透着人文主义精神，促进普通儿童和特殊儿童共同发展的教育思想。这种教育思想的形成与人权意识、教育的机会平等、教育以人为本等思想是一脉相承的。

随班就读

随班就读是指特殊儿童在普通教育机构普通班中和普通儿童一起接受能满足其特殊需要的教育的安置形式。它是顺应融合教育潮流，结合我国国情发展特殊教育的一个创举，对于保障特殊儿童受教育的机会与权利起到了重要的促进作用。自我国从 20 世纪 80 年代末期大力推行随班就读开始，随班就读已经成为我国实行特殊儿童教育安置的重要方式，并且已经成为我国探索融合教育、追求教育公平的重要实践方式。资源中心、资源教育、巡回指导是为随班就读提供支持与服务的主要形式。2020 年 6 月，《教育部关于加强残疾儿童少年义务教育阶段随班就读工作的指导意见》发布，对随班就读质量提出了更高要求，对于健全随班就读工作机制、完善支持保障条件、提高任课及指导教师特殊教育专业水平等具有重要的指导作用。

▶ 任务四
特殊教育学科体系与学制

| 任务情境 |

特殊教育学科发展简介

1980 年 4 月，教育部部长蒋南翔同志在中国盲人聋哑人第三届全国代表会议上提出，要尽快筹办一所全国性的特殊教育师范学校，为各地新建学校培养特殊教育师资。1981 年，黑龙江肇东师范学校首先开办特殊教育师范部。1982 年，南京特殊教育师范学校开始筹建，并于 1985 年秋季正式招生。在高等师范院校中，1980 年，北京师范大学教育系成立了特殊教育研究室，成为我国较早的特殊教育专门研究机构。1981 年，朴永馨教授开始在北京师范大学教育系开设特殊教育的选修课，这是我国较早在高等师范院校设置的特殊教育课程。1986 年，特殊教育作为国家批准的专业在北京师范大学率先招生，由此拉开了我国特殊教育学科专业化发展的序幕。1992 年印发的《中华人民共和国国家标准学科分类与代码》将特殊教育学列入教育学的二级学科。

任务：分析上面案例，特殊教育学科与教育学的关系是什么？特殊教育学科体系与学科制度化有什么关系？

特殊教育学作为教育学的二级学科，在学科体系的构建上与教育学存在相通之处，也要从教育的功能、教育的目的、教师与学生、课程与教学等要素中去寻找支撑。作为一门独立学科，特殊教育学必须围绕"特殊需要"这一核心概念构建自身的学科体系，既要建立起自身的理论根基，又要应用到特殊教育实践领域中去解决具体问题。

一、特殊教育学的研究对象与范围

任何一门学科的体系内容都根植于研究的对象。特殊教育学研究特殊教育现象及其规律、原则和方法的科学。特殊教育现象及规律是由教育对象决定的，而特殊教育对象就是特殊儿童。因此，特殊教育学是以发生在各类特殊儿童教育领域的现象为研究对象，目的是揭示特殊教育规律。

随着特殊教育理论与实践的发展，特殊儿童的范围在不断扩大，从盲、聋哑、智障儿童到孤独症、情绪与行为障碍、学习障碍儿童，从缺陷儿童到特殊儿童。无论是轻度的还是暂时的，只要在不同学习阶段上有严重学习困难的特殊儿童都是特殊教育学的研究对象。普通教育和特殊教育融合的推广和发展也让特殊教育现象渗透到了普通教育领域的各个方面，特殊教育学的研究范围也拓展到了普通教育领域。

二、特殊教育学科性质

特殊教育学是教育学科体系中的一个分支学科。特殊教育学自身所具有的"特殊性"或"独特性"，又凸显出其作为一门独立学科、不同于其他学科的体系内容，反映着特殊教育学自身的学科特点。

（一）学科的综合交叉性

特殊教育学是教育学的分支学科，需要吸收多学科的理论与方法，从多学科的角度研究相关问题，是一个以教育学、心理学、医学、康复学、社会学等学科为理论基础，与哲学、语言学、人类学、脑科学、计算机科学等密切相关的交叉学科。

（二）学科的应用性

特殊教育学除了具有自身的理论基础外，还需要应用到特殊教育实践领域中去解决具体问题。因此，它还是一门应用性很强的学科。特殊教育的实践者在日常的特殊教育实践中迫切需要特殊教育学能发挥出更大的应用性功能，帮助他们解决实际问题。

（三）学科的发展性

特殊教育是一个复杂且不断变化的领域。随着特殊教育现象逐渐向教育领域的各个方面渗透，特殊教育学的研究也将不断深入，进一步提升特殊教育学科的应用价值，为特殊教育实践提供支持。

总之，特殊教育学是教育学的一个分支学科，应用性很强。作为一门独立学科，其学科体系正在不断建构与完善中。

三、特殊教育学科体系

20 世纪 90 年代，我国特殊教育逐渐走向初步质变的发展时期。《中华人民共和国残疾人保障法》和《中华人民共和国残疾人教育条例》相继颁布实施。1992 年，特殊教育学被列入教育学的二级学科，这些极大地推动了特殊教育学科体系建设。进入 21 世纪以后，随着我国经济的快速发展，特殊教育事业进入了提质发展的新阶段。特殊教育学教材、著作类型多样，研究活跃，成果丰厚。特殊教育学教材建设的长足发展，促进了特殊教育学内容体系的创建。

（一）从单本的特殊教育学教材来看特殊教育学的内容体系

从第一本特殊教育学教材即朴永馨教授的《特殊教育概论》出版开始，我国陆续出版了一些特殊教育学教材。这些教材一般由特殊教育的基本理论知识和各类特殊儿童的心理与教育或特殊教育的组织与管理几个部分组成。这些特殊教育学教材的核心内容包括特殊教育的概论、发展脉络、支持保障、体系与模式、教育教学、各类特殊儿童的心理与教育、专业人员、研究方法等。

（二）从学科群来看特殊教育学的内容体系

作为一个学科群，特殊教育学需要根据特殊教育专业人才培养的要求来构建特殊教育学的内容体系。特殊教育类教材不断体系化、丰富化，进一步扩展了特殊教育的话语平台，深化与丰富了特殊教育学科的内容体系。改革开放以来，华夏出版社、天津教育出版社、华东师范大学出版社、北京大学出版社、南京师范大学出版社分别出版了一套特殊教育系列教材。这些教材的主题包括特殊教育的理论基础、融合教育、特殊教育史、特殊儿童心理学、特殊教育研究方法、各类特殊儿童心理与教育、特殊儿童康复训练等方面。这些主题可进一步归纳为三个核心领域，即特殊教育理论与基础、特殊儿童发展与教育、特殊儿童康复与训练。由于我国特殊教育学科起步较晚、发展时间较短，特殊教育学科体系难以得到均衡发展。比如，特殊教育学、特殊教育课程论、特殊学校教育管理学、特殊教育哲学等基础性学科发展较快，但特殊教育社会学、特殊教育管理学、学前特殊教育学、高等特殊教育学、特殊教育传播学等学科仍然处于萌芽状态或起步阶段。要使特殊教育学科体系得到均衡发展，我们必须注重学科体系架构的全局意识，既要有对西方先进学科理论的吸收，也要有本土化学科体系的创建和丰富。

四、特殊教育学科的学制

特殊教育学成为一门独立的学科，是我国学科分类体系不断完善的结果，顺应了我国特殊教育事业提质发展对人才的需求，符合我国人才培养和学术研究的实际需要，有利于特殊教育学科专业的建设发展。

学科包含两个方面的意思。其一，学科是一种知识体系。不同的学科就是不同的知识体系。学科的发展不仅意味着知识的发现与创新，而且意味着知识不断系统化的过程。其二，学科是一种学术制度。它以分科研究的制度安排来追求知识。学科的建构过程就是学科从知识体系转化为学术制度的过程。学科是随着知识的发现、创新、系统化这个演进的过程而自然形成的，是基于学术研究的。正是因为研究对象的不同，各学科之间才出现了区别。

从学科的第二个方面的意思来看，学科包括学科制度和学科建制两个方面。学科的核心是学科制度化。学科制度化包括学科研究和学科规训的制度化。学科的建构过程就是一个制度化过程，即将学科文化、学科研究、学科规训、学科规范等制度化。学科建制主要指机构组织、行政编制等。从特殊教育学科发展历程来看，特殊教育学成为一门学科是具备了独立的不可替代的研究对象、产生重要影响的学科代表人物和代表性经典著作以及学科知识体系等这些核心要素，即特殊教育学具有了学科制度化的特质。

目前，特殊教育学科制度化还有许多需要完善的地方。比如，要求特殊教育专业的人员具备从业资格证，建立巡回专家指导制度，实现两期特殊教育提升计划中实践证明行之有效的措施制度化和常态化等。特殊教育学科要持续不断地向前发展，就必须重视学科制度化建设。当然，特殊教育学科制度化建设也不能一味强调学科的独立性。这可能会丢弃学科的本质，即知识领域和知识体系，最终阻碍学科自身的建设发展。特殊教育学需要以一种开放的心态来看待自身与其他学科的关系，积极合理地吸收其他学科的滋养，促使自身从传统的医学—心理学范式向更具有综合性特征的社会学范式转变。我们需要从更加广阔的社会视野来看待特殊教育，使用更具有解释力的社会理论框架来指导特殊教育研究。这必将有利于特殊教育学科的发展，并对特殊教育实践产生深刻的影响。

同步考核 ·····▶

一、判断题

1. 随着特殊教育理论与实践的发展，特殊儿童的范围也在不断缩小。（　　）

2. 特殊教育学的研究对象是特殊儿童。（　　）

3. 特殊教育学科体系已经建构完善。（　　）

二、单选题

1. 关于特殊教育学科性质表述不正确的一项是（　　）。

A. 特殊教育学是独立于教育学体系的一个学科

B. 特殊教育学是一门应用性很强的学科

C. 特殊教育学是教育学的分支即二级学科

D. 特殊教育学是一个以教育学、心理学、医学、康复学、社会学等学科为理论基础，与哲学、语言学、人类学、脑科学、计算机科学等密切相关的交叉学科

2. 不属于一门学科应具备的核心要素的一项是（　　）。

A. 独立的不可替代的研究对象

B. 产生重要影响的学科代表人物

C. 语法系统

D. 代表性经典著作以及学科知识体系

3. 关于特殊教育学科制度化表述不正确的一项是（　　）。

A. 特殊教育学成为一门学科是具有了学科制度化的特质

B. 特殊教育学科制度化已发展完善

C. 特殊教育学科的发展必须重视学科制度化建设

D. 特殊教育学需要以一种开放的心态来看待自身与其他学科的关系

三、填空题

1. 特殊教育学是研究特殊教育_____及其_____、_____和_____的科学。

2. 特殊教育学_____的长足发展，促进了特殊教育学科内容体系的创建。

3. 特殊教育学除了具有自身的理论基础外，还需要应用于特殊教育____中去解决具体问题。

思考实践 ……▶

1. 发展特殊教育有什么意义？

2. 特殊教育教师应具备哪些素质和要求？

📎 | 岗位小贴士 |

特殊教育专业要不要考 1＋X 幼儿照护证书？

一、什么是 1＋X 幼儿照护证书

1＋X 幼儿照护证书，即 1＋X 幼儿照护职业技能等级证书，分为三个等级：初级、中级、高级。每个级别对应不同的职业技能要求。其主要证明幼儿照护人员的从业技能水平。

二、特殊教育专业学生要不要考 1＋X 幼儿照护证书？

现阶段特殊教育专业学生去特殊儿童教育机构或儿童福利院等机构就业的占相当大的比例。而幼儿照护课程中有生长发育初步评估、心理保健等内容，对于在这些机构的岗位上工作是很有帮助的。所以特殊教育专业学生还是要考 1＋X 幼儿照护证书的，以更好地保障特殊儿童的权利，为特殊儿童服务。

项目二　特殊教育发展历史

篇前语

　　为什么要发展特殊教育呢？有些对特殊教育不理解的人常常抱有一种想法：先把普通教育办好，再谈特殊教育。其实，特殊教育不论是在我国还是在国外都已有了数百年的发展历史，这也正是我们社会不断进步、民众思想解放的重要体现。在这个项目中，我们将共同回望历史、品读古今，感受特殊教育发展的脉络。

项目思维导图

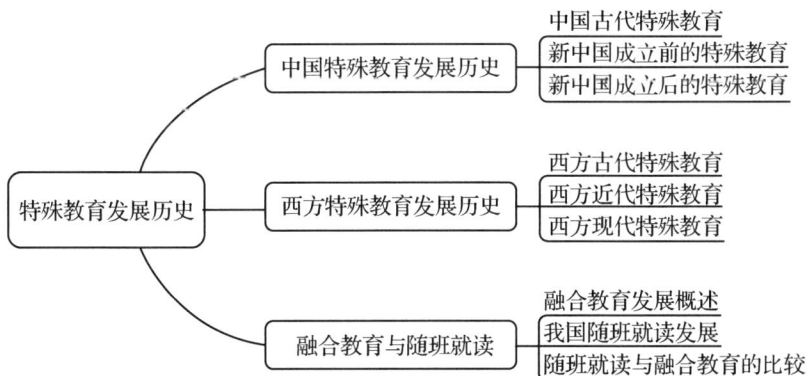

中国特殊教育发展历史
- 中国古代特殊教育
- 新中国成立前的特殊教育
- 新中国成立后的特殊教育

特殊教育发展历史 —— 西方特殊教育发展历史
- 西方古代特殊教育
- 西方近代特殊教育
- 西方现代特殊教育

融合教育与随班就读
- 融合教育发展概述
- 我国随班就读发展
- 随班就读与融合教育的比较

学习目标

知识目标

1. 掌握中国特殊教育发展的历史进程，熟知中国特殊教育历史发展中的重要事件。

2. 掌握西方特殊教育发展在各个历史时期的主要特征。

3. 掌握融合教育与随班就读的发展历程。

能力目标

1. 能够对不同历史时期中国和西方的特殊教育发展状况做出分析和判断。

2. 能够正确看待中国和西方特殊教育发展历史进程间的异同，相互融通，辩证分析。

3. 能够用自己的语言来描述融合教育与随班就读的历史发展进程及它们之间的异同点。

素养目标

1. 能够从宏观角度理性地看待特殊教育的发展历史。

2. 能够理解特殊教育从隔离走向融合的发展趋势，有为特殊儿童开展融合教育的愿望和信心。

3. 能够对特殊教育的未来发展抱有信心和希望。

课前预习

小组合作：中国与西方特殊教育历史发展的不同阶段，发生了哪些重要事件呢？各小组课前分工，明确负责的地域范围和时段范围后，查阅相关资料，完成预习作业。

想一想：你理解的融合教育与随班就读是什么，两者之间是什么关系？

▶任务一

中国特殊教育发展历史

📎 | **任务情境** |

渴望上学的小花

小花是一名 7 岁的视力障碍小朋友，她从出生那天起就无法看到这个世界。眼看着小花一天天长大，父母想给小花找一所学校。但他们很苦恼，不知道什么学校可以接收小花这样特殊的孩子，也不知道以小花的情况在学校能够学习些什么。

任务：假设小花分别生活在 1940 年的中国和 2000 年的中国，请你想一想小花在当时可能去什么样的学校上学呢？她所接受的教育可能是什么样的？

沿着中国特殊教育发展的历史轨迹，许多重要事件一一浮现在眼前。在历史的长河中，特殊教育跨过岁月变迁，成为中国教育系统不可或缺的重要组成部分。

一、中国古代特殊教育

中国古代的典籍中就已出现一些对残疾群体的描述和解释。这反映出当时社会对残疾群体有一定的关注，并希望寻求一些对他们的了解。春秋时成书的《左传·僖公二十四年》中就有"耳不听五声之和为聋"的记载，汉朝成书的《礼记·礼运》中有"矜寡孤独废疾者皆有所养"的思想。受到这些思想的影响，中国古代已经有了对残疾群体帮扶的政策，如夏商周时期就有减免残疾人税收的规定。宋代法律依据残疾人的伤残程度将残疾人分为残疾、废疾、笃疾三类。宋代的残疾人依法可以免丁税、免保甲义务，享有获取社会救助的特权。但受到当时生产力水平的限制和社会制度的约束，我国在漫长的封建社会中并没有产生正规的特殊教育，与残疾群体教育相关的记载还很少。

二、新中国成立前的特殊教育

在新中国成立成立前，历代封建王朝及民国时期对残疾人的关注程度不高。特殊教育事业在清朝末年鸦片战争以后西学东渐的影响下得以诞生与发展。

（一）特殊教育学校的创办

中国的第一所特殊教育学校是瞽叟通文馆。它是 1874 年由英国人穆·威廉在北京开办的，于 1954 年更名为"北京市盲童学校"，就是现在的北京市盲人学校。1887 年，米尔斯夫妇在登州(今蓬莱)创建了中国最早的一所聋哑学校"启喑学馆"。1906 年，米尔斯夫人的外甥女安妮塔·卡特来校助学。安妮塔·卡特首先健全了学校制度，第二年招收了一名聋哑女生，后又相继招收了六人，成立了女生学房，改"启喑学馆"为"烟台启喑学校"。1916 年 11 月，由中国人自办的较早的特殊教育学校之一是由实业家张謇创办的南通市盲哑学校。民国时期由中国教育部门建立的唯一公立的特殊教育学校是 1927 年 10 月成立的南京市立盲哑学校。当时的特殊教育主要是以盲教育和聋教育为主。

（二）教育教学状况

在教育教学方面，早期的特殊教育学校是没有正式出版系统的教材的。各特殊教育学校的课程设置并不统一，通常参照相应程度的普通学校来进行调整、改编。1879年，穆·威廉与友人开发出中国历史上第一套盲文"康熙盲字"，并以"康熙盲字"为基础编拟了中国最早的盲文教科书。1907 年出版的《启哑初阶》是中国最早的一部聋校教科书，是由美国的安妮塔·米尔斯编著的。由于缺乏特殊教育师范类专业，当时的特殊教育师资相当匮乏。在这一时期，由于盲、聋教育的发展，盲文和手语得到了一定程度的发展。

（三）教育立法状况

清朝末年，中国不断遭受帝国主义列强的侵略，沦为半殖民地半封建社会，有关特殊教育的立法处于空白状态。清末到民国时期的历届政府从未颁布过与特殊教育有关的专门法规，只是在一些教育法规中涉及特殊教育的个别问题，对特殊儿童的入学条件、开办特殊教育学校的条件、特殊教育学校的管理做出了一些规定。但是，在当时的社会历史条件下，这些相关规定也难以落实和执行，未能对特殊教育的发展提供有力的支持和保障。

三、新中国成立后的特殊教育

（一）改革开放前的缓慢发展阶段

新中国成立后，特殊教育事业的发展进入了一个全新的阶段。特殊儿童的教育类别有所扩大，除了盲、聋教育之外，中国开始尝试开办智力障碍儿童教育。特殊教育体系不断完善，出现了从学前教育到大专教育阶段的学龄延伸，并且还举办了职业教育。因应特殊教育自身的发展，特殊教育的师资队伍在不断壮大，各高校开始开办特殊教育师范类专业。特殊教育教材的编写和出版以及特殊教育科研工作都在积极开展。

由于历史社会原因，在新中国成立后的近40年，中国特殊教育还处在一个比较缓慢的发展阶段。当时特殊儿童的入学率还不高，办学条件、师资队伍质量等都有待加强，相关的政策法规建设十分薄弱，特殊教育在数量和质量上都还有很大的进步空间。

（二）改革开放后的持续快速发展阶段

1988年11月，第一次全国特殊教育工作会议召开，这是中国特殊教育发展历史上的一个里程碑。自此之后，中国的特殊教育发展进入了一个持续、快速发展的新阶段。2001年4月，第三次全国特殊教育工作会议顺利召开。全国特殊教育工作会议的召开体现了国家对特殊教育事业的重视，极大地促进了特殊教育的发展。

在这一阶段，国家加强了对特殊教育的领导和管理，制定了特殊教育未来发展规划，在国际上也有了更多的交流与合作。在教育教学方面，从国家层面规范了特殊教育的教学计划、教学大纲、课程设置和教材等。同时，还相继出台了一系列重要的政策方针，让特殊儿童享有受教育的权利，发展特殊教育事业和管理特殊教育学校都有法可依。另外，党的二十大也提出坚持以人民为中心发展教育，加快建设高质量教育体系，发展素质教育，促进教育公平；统筹职业教育、高等教育、继续教育协同创新，推进职普融通、产教融合、科教融汇，优化职业教育类型定位。这也为特殊教育事业的发展指明方向。

同步考核 ·····▶

一、判断题

1. 中国古代就已经有了针对残疾群体的帮扶政策。（　　）

2.1907 年出版的《启哑初阶》是中国最早的一部聋校教科书。（　　）

3.1916 年 11 月由中国人自办的较早的特殊教育学校之一是由实业家张謇创办的南京市立盲哑学校。（　　）

二、单选题

1. 中国的第一所特殊教育学校是（　　）。

A. 瞽叟通文馆　　　　　　　　　B. 南通市盲哑学校

C. 南京市立盲哑学校　　　　　　D. 启喑学校

2. 在新中国成立前，我国的特殊教育主要是（　　）两个方面。

A. 聋教育　　　　　　　　　　　B. 智力障碍教育

C. 盲、聋教育　　　　　　　　　D. 肢体障碍教育

3.1988 年 11 月，（　　）召开，这是中国特殊教育发展历史上的一个里程碑。

A. 第二次全国特殊教育工作会议　　B. 第三次全国特殊教育工作会议

C. 中国特殊教育大会　　　　　　　D. 第一次全国特殊教育工作会议

三、填空题

1. 民国时期，由中国教育部门建立的唯一公立的特殊教育学校是 1927 年 10 月成立的_____。

2.1879 年，穆·威廉与友人开发出中国历史上第一套盲文——_____，并以此为基础编拟了中国最早的盲文教科书。

3.1907 年出版的《启哑初阶》是中国最早的一部聋校教科书，是由美国的_____编著。

思考与实践 ·····▶

1. 特殊教育的发展和中国当时的历史社会背景之间有何关系？

2. 阅读党的二十大关于教育的相关论述，讨论中国特殊教育在未来的发展方向和重点。

📎 **| 岗位小贴士 |**

特殊教育专业学生的就业方向

特殊教育专业学生毕业后可以到各种特殊教育学校以及与特殊教育相关的机构从事特殊教育实践、理论研究、管理等工作。具体来说，就是到特殊儿童教育机构、儿童福利院以及各类特殊学校或普通学校从事教学工作，到各地康复机构从事康复训练工作，也可从事手语翻译工作或到民政、残联机构做行政管理工作。

▶任务二
西方特殊教育发展历史

📎 **| 任务情境 |**

小组活动：将所有学生分为 6 个小组，各小组活动主题如下。

第 1 小组：西方古代历史背景

第 2 小组：西方古代特殊教育状况

第 3 小组：西方近代历史背景

第 4 小组：西方近代特殊教育状况

第 5 小组：西方现代历史背景

第 6 小组：西方现代特殊教育状况

各小组提前查阅相关资料并准备在班级中分享。分享形式不限，可以是图片、视频、迷你情景剧、演讲等，能够清晰完整地表述主题内容即可。

任务目标：

1. 掌握西方特殊教育发展在各个历史时期的主要特征。

2. 能对不同历史时期西方特殊教育发展状况做出分析和判断。

3. 能够正确看待中国和西方特殊教育发展历史进程间的异同，相互融通，辩证分析。

4. 能够从宏观角度理性看待特殊教育的发展历史。

西方特殊教育的发展经历了从对残疾群体的忽视，到特殊教育产生与壮大，再到融合教育的蓬勃发展的历史过程。西方特殊教育的诞生与欧洲 18 世纪末以来自由、平等的理念兴起，与生理学、解剖学等科学的发展有着密切的关系。民众的思想得以解放，对残疾群体也逐渐形成了科学、理性认识，最终促成了特殊教育的产生和发展。

一、西方古代特殊教育

在以古希腊和古罗马为代表的古代西方，随着人们认识的提高和医学的发展，当时的社会开始尝试为部分的残疾人提供一些医学上的帮助。受到当时社会和科学发展的局限，这种帮助可能并不全面、正确和科学，但仍为残疾群体的生存和特殊教育的发展带来了积极、正面的影响。

二、西方近代特殊教育

文艺复兴和启蒙运动不仅极大地改变了西方社会的发展历程，也是特殊教育产生的重要因素。

在这一时期，生理学和解剖学的发展，自由、平等思想的兴起使民众更加科学、理性地看待残疾群体，也使众多学者开始对残疾群体的产生原因、特征以及教育方法展开研究。聋教育的奠基人意大利卡尔丹诺通过研究证明了哑是聋人的第二性缺陷，对聋人的教育持乐观态度。

西方近代特殊教育历史中值得关注的事件就是特殊教育学校的创办和兴起。1770年，莱佩在巴黎建立了一所主要招收聋哑儿童的特殊教育学校。这是世界上第一所特殊教育学校，在特殊教育的历史上具有标志性的意义。1784年，阿羽依在巴黎创办了世界上第一所盲人学校。他还提出了，由国家来办特殊教育学校和特殊儿童也能接受义务教育的设想。此后，1829年，法国人布莱尔发明了点字符号系统，极大地促进了盲教育的发展。可以看出，与我国特殊教育的发展历史相似，西方特殊教育历史上最早接受系统教育的也是聋人与盲人。直到1837年，谢根在巴黎开办了一所专门招收智力障碍儿童的学校。但从总体上说，当时能够进入特殊教育学校接受系统教育的特殊儿童还是小范围的。

三、西方现代特殊教育

西方现代社会的整体发展极大地促进了特殊教育质量的提升，尤其在特殊教育立法保障方面有了较高的水平。

1975年，美国通过了《全体残障儿童教育法案》。这是美国特殊教育立法上一次重要的举措。它一方面提出了确保全体残障儿童接受免费的、适合的教育，另一方面提出了国家有义务为满足每个残障儿童的独特需求而提供个别化的教育计划。之后，经历几次修改，至1990年，《全体残障儿童教育法案》更名为《身心障碍者教育法案》。其内涵越来越丰富，很好地促进了特殊教育的发展。

在这一时期，特殊教育的对象范围在不断扩大。除了盲、聋、智力障碍儿童的教育外，有越来越多其他障碍类别的儿童被纳入了学校系统教育的体系。在特殊教育的专业发展方面，教育教学方法、科学诊断评估和个别化教学，促使西方特殊教育朝着一个更加专业化、融合化、系统化的方向不断发展。

同步考核 ⋯⋯▶

一、判断题

1.1829 年，法国人谢根发明了点字符号系统，极大地促进了盲教育的发展。（　　）

2.1770 年，布莱尔在巴黎建立了一所主要招收聋哑儿童的特殊教育学校。这是世界上第一所特殊教育学校。（　　）

二、单选题

1.1770 年，（　　）在巴黎建立了一所主要招收聋哑儿童的特殊教育学校，这是世界上第一所特殊教育学校。

A. 蒙台梭利　　　　　　　　　B. 布莱尔

C. 莱佩　　　　　　　　　　　D. 谢根

2.1784 年，阿羽依在巴黎创办了世界上第一所（　　）。他还提出了由国家来办特殊教育学校和特殊儿童也能接受义务教育的设想。

A. 聋人学校　　　　　　　　　B. 培智学校

C. 盲人学校　　　　　　　　　D. 孤独症儿童康复学校

3.1837 年，（　　）在巴黎开办了一所专门招收智力障碍儿童的学校。

A. 蒙台梭利　　　　　　　　　B. 布莱尔

C. 莱佩　　　　　　　　　　　D. 谢根

三、填空题

1.1829 年，法国人布莱尔发明了_____，极大地促进了盲教育的发展。

2.1975 年，美国通过了_____。

3. 聋教育的奠基人意大利_____通过研究证明了哑是聋人的第二性缺陷，对聋人的教育保持乐观态度。

▶任务三
融合教育与随班就读

📎 | 任务情境 |

视频：纪录片《晨晨跨海上学去》

观看视频，思考并回答如下问题。

①视频中的晨晨是以怎样的教育安置形式来就学的？

②这种教育安置形式有哪些特点？

③为什么这种教育安置形式受到了特殊儿童及特殊儿童家长的青睐？

④为什么这种教育安置形式会成为特殊教育发展的一大趋势？

特殊教育的安置形态由隔离逐渐走向融合，是世界性的发展趋势。在我国，特殊儿童在普通教育场所中与普通学生一同接受教育的人数越来越多，这种特殊教育安置形式被称为随班就读。在西方，这种将特殊儿童安置在住家附近的学校，合乎其生理年龄的班级，提供必要的支持服务与补充协助的教育安置形式被称为融合教育。

特殊教育打破隔离、走向融合，在普及特殊儿童义务教育，促进社会公平以及保障特殊儿童合理、适当的教育安置方面起到了重要的作用。

一、融合教育发展概述

在西方特殊教育的发展历程中，20 世纪 60 年代出现了"正常化"与"反机构化"等新的特殊教育思想。这些思想受到民权运动和教育机会均等的影响，民众对残疾群体的观念和态度发生了巨大的转变，隔离式的教养环境逐渐被打破。到了 1972 年，《启蒙教育法案》(Head Start Law)使得"回归主流"的教育原则成为特殊教育主要的发展方向。1975年，美国《全体残障儿童教育法案》提出了零拒绝(zero reject)、个别化教育计划(individualized education program)以及最少限制环境三大理念，使得残疾群体能进入公立学校接受免费而适性的教育。"回归主流""最少限制环境"等教育改革让特殊学生在非学科时间进入普通班上课，但课程并未因特殊学生的进入而做调整，要求特殊学生必须按照普通班学生的进度上课。到了20世纪80年代，普通教育改革的重点是统合被排斥在外的特殊学生，促使他们进入普通学校，但提供的各方面支持服务仍然较少，这就促使了融合教育的产生和兴起。

1994年，世界特殊教育大会通过了《萨拉曼卡宣言》，并首次正式对融合教育理念进行了解读。自此，融合教育便成为世界各国特殊教育的共识和追求。目前得到普遍认同的融合教育的定义是美国1995年提出的：为所有障碍学生(含重度障碍者)，提供公平接纳而有效的教育机会，将其安置在住家附近的学校以及合乎其生理年龄的班级，提供必要的支持服务与补充协助，使学生成为完整的和有贡献的社会成员。

二、我国随班就读发展

随班就读的实践开端是20世纪80年代初期吸收能够跟班学习的特殊儿童在普通小学随班就读的试验。但当时对于随班就读这一概念的分析以及对其本质的深入研究还并不多见。

"随班就读"一词首次在我国政府文件中出现是1987年国家教育委员会《关于印发〈全日制弱智学校(班)教学计划〉(征求意见稿)的通知》。该文件明确提到，大多数轻度弱智儿童已经进入当地小学随班就读。1988年11月，全国特殊教育工作会议将随班就读这种形式确立为我国特殊教育的主体形式。2003年，教育部和中国残疾人联合会联印发的《全国随班就读工作经验交流会议纪要》指出，随班就读是发展我国特殊教育事业的重要策略。2014年，我国启动实施了《特殊教育提升计划(2014—2016年)》，提出使每一个残疾孩子都能接受合适的教育，扩大普通学校随班就读规模。

2017 年，我国启动《第二期特殊教育提升计划(2017—2020 年)》，提出优先采用普通学校随班就读的方式，就近安排适龄残疾儿童少年接受义务教育，以保障特殊儿童接受义务教育的权利。另外，还将全面加强随班就读支持保障体系建设列为特殊教育提升的重点任务。这表明随班就读是我国目前特殊儿童接受普通义务教育的重要安置形式，且随班就读逐渐进入了关注教育品质、提升教育质量的阶段。

随着教育实践的发展和理论经验的总结，"随班就读"一词的核心概念逐渐形成并得到社会的认同。即随班就读主要表示特殊儿童在普通教育场所中和普通学生一起接受教育，它是我国特殊教育工作者根据我国国情探索出的对特殊学生实施教育的一种形式。

三、随班就读与融合教育的比较

1993 年，亚太地区特殊教育研讨会在黑龙江省哈尔滨市召开，融合的概念被引入中国。此后，国内掀起研究融合教育的热潮，并开始以融合教育的视角探讨我国随班就读的发展。

从随班就读与融合教育起源的时间历程来看，随班就读起源于 20 世纪 80 年代中期。与此同一时期，西方的特殊教育以回归主流为主要思潮。直至 20 世纪 80 年代末期，融合教育在反思和批判回归主流思潮的基础上开始渐渐发展起来，直到传入我国，已至 20 世纪 90 年代。尽管融合教育理念的出现是在随班就读之后，但是融合教育对教育公平和社会公平的追求符合时代发展的特征，对全世界各国的教育产生了巨大且深远的影响。因此我国的特殊教育亦受到融合教育理念的影响。尤其是对于与融合教育有一定共性的随班就读而言，融合教育有着极大的参考和借鉴的价值。学界关于随班就读与融合教育二者的关系进行了诸多研究。

（一）随班就读与融合教育二者相异

认为随班就读与融合教育二者相异的学者主要从以下几个方面进行了阐释。

第一，二者产生的社会文化背景不同。随班就读是以我国的经济、文化、教育等诸多社会背景为依托，经过探索和发展而产生的一种教育实践模式。其渊源可以追溯到我国传统儒家有教无类、因材施教的教育思想。而融合教育则是根植于西方的社会文化背景，以自由、平等、多元等社会价值观为基础的。

第二，二者的发展起源不同。随班就读最初产生是为了满足教育实践的需要，是在为解决特殊儿童教育问题的基础上探索产生的一种教育实践办法。而融合教育则是一种特殊教育思潮，通过发展而形成的一个较完备的教育体系。即随班就读是一种教育实践方式，融合教育是一种教育理念。

第三，二者的理论建构不同。随班就读基于实用主义，研究方法以定性研究和个案研究为主。融合教育的理论基础是实证主义与建构主义的交织，研究方法主要是实验研究和个案研究。

第四，二者的教育理想不同。随班就读旨在为大量还没有机会接受任何形式教育的特殊儿童提供接受教育的机会。而融合教育的目的则是保证特殊儿童与普通儿童一样平等地在普通学校接受免费、适当的教育，以求实现个人尊严与社会公正的最终目标。

（二）随班就读与融合教育二者相同

认为随班就读等同于融合教育的学者提出，随班就读与融合教育在理论的起源上是具有共性的，都是受到正常化、回归主流这种世界性的特殊教育思潮影响而产生的。随班就读与融合教育都将特殊儿童安置在符合其生理年龄的普通学校的普通班级中与普通学生一同接受教育，二者的本质都是融合。

在国际学术交流中，也有学者直接使用"回归主流"或"融合教育"等术语来描述我国随班就读的情况，并认为我国随班就读模式受国际特殊教育理论，如回归主流或一体化思想的影响，因而具有国际性。

（三）随班就读与融合教育异中求同

认同随班就读与融合教育既有区别又有联系的学者众多，但又可依据二者间不同的关系分为现实与理想的关系、他山之石与本土化的关系和整体与阶段的关系三种不同类型的观点。

第一，现实与理想的关系。融合教育是教育发展的目标和远景，是一种崇高而美好的教育理想。随班就读与融合教育关系的研究就将融合教育看作教育发展的"未来之路"，将随班就读看作我国特殊教育向未来迈进的"现实之路"。

随班就读体现教育公平的现实性、形式性和低阶段性。相比而言，融合教育则体现教育公平的理想性、实质性和高阶段性。随班就读需要将融合教育作为方向和理念，完善自身的同时推进融合教育不断进步。

综上所述，随班就读与融合教育之间是现实与理想的关系，就是说随班就读是一种结合现实情况在融合教育理念指导下的实践。实践的过程中面临的诸多困难，导致随班就读成为一种低层次的、暂时还未达到融合教育理想的教育现实。

第二，他山之石与本土化的关系。随班就读是中国特色的融合教育，是我国教育现实与西方融合教育相结合的产物。随班就读与西方的一体化、回归主流在形式上有某些共同之处，但在出发点、指导思想、实施办法等方面则有中国特色。

在融合教育理念成为世界各国特殊教育发展的主要趋势的背景下，我国特殊教育的发展也必然受到其影响。但在将融合教育这种起源于西方的特殊教育模式运用到我国的教育实际中时，就不得不考虑我国的实际情况，从而进行有条件的、有选择的借鉴。因此，我们可以将随班就读看作立足于我国国情和教育现实的对融合教育的本土化。

第三，整体与阶段的关系。融合教育的达成并非一蹴而就，而是一个动态的渐进的过程。联合国教科文组织提出："融合教育是一个连续的过程，确保社会所有成员获得高质量的教育，考虑每个人的能力和需要，认识并尊重多样性，并且避免任何形式的歧视。"另外，融合教育是一个不断增加参与、减少排斥的过程。如果说融合教育是一个连续的过程，那么随班就读就是这个过程中的一个环节，二者是整体与阶段的关系。

教育安置形式

教育安置是指根据个案在教育情况中的学习的特殊性与本身的障碍程度将学生安置于适当的受教育环境中学习。

依据特殊学生的具体情况为其提供不同的教育安置，是由 M. 雷诺（M. Reynold）率先提出的，而后经由 E. 德诺（E. Deno）补充和修正。表 2-1 为特殊学生的教育安置形式。

表 2-1　特殊学生的教育安置形式

层次	特殊学生的教育安置形式
层次一	在普通班接受教育
层次二	在普通班接受教育并提供辅助性教学服务
层次三	部分时间在普通班而部分时间在特殊班
层次四	全时在特殊班
层次五	特殊学校、特殊教育机构
层次六	在家教育
层次七	在医院或照护机构接受教育
层次八	非教育性服务（医疗与福利机构等）

依据特殊儿童的障碍程度等具体情况确定应该如何进行教育安置，并不是要把所有特殊儿童都安置在融合教育环境中。

全纳教育

全纳教育是通过增加学习、文化与社区参与，减少教育系统内外的排斥，关注并满足所有学习者多样化需求的过程。全纳教育以覆盖所有适龄儿童为共识，以正规系统负责教育所有儿童为信念，涉及教育内容、教育途径、教育结构和教育战略的变革与调整。

　　2008 年，联合国教科文组织在瑞士日内瓦召开第 48 届国际教育大会，主题为"全纳教育：未来之路"。此次会议就是希望国际教育系统能够认识到社会和教育体制仍存在多种形式的排斥现象。重要的是应从长远角度观察与反思，进行切实变革、制定与实施新政策，从而建立全纳社会，实现全民教育目标及终身教育。本届大会上各国达成共识，做出承诺，掀起一股全纳热潮。

同步考核 ⋯⋯▶

一、判断题

1.1994 年，世界特殊教育大会通过了《萨拉曼卡宣言》，并首次正式对融合教育理念进行了解读。（　　　）

2. 特殊教育的安置形态由隔离逐渐走向融合，是世界性的发展趋势。（　　　）

3. 在西方，将特殊儿童安置在住家附近的学校及合乎其生理年龄的班级，提供必要的支持服务与补充协助的教育安置形式被称为融合教育。（　　　）

二、单选题

1.1972 年，（　　　）使得"回归主流"的教育原则成为特殊教育主要的发展方向。

A.《残障儿童教育法案》　　　　　　B.《启蒙教育法案》

C.《全体残障儿童教育法案》　　　　D.《萨拉曼卡宣言》

2.1975 年，美国《全体残障儿童教育法案》提出的三大理念不包括（　　　）。

A. 零拒绝　　　　　　　　　　　　B. 个别化教育计划

C. 最少限制环境　　　　　　　　　D. 回归主流

3.2017 年，教育部启动了（　　　）。

A. 第一期特殊教育提升计划　　　　B. 第二期特殊教育提升计划

C. 第三期特殊教育提升计划　　　　D. 第四期特殊教育提升计划

三、填空题

1. 在我国，特殊儿童在普通教育场所中与普通学生一同接受教育的人数也越来越多。这种特殊教育安置形式被称为_____。

2. _____是指根据个案在教育情况中的学习的特殊性与本身的障碍程度将学生安置于适当的受教育环境中学习。

3. _____是指通过增加学习、文化与社区参与，减少教育系统内外的排斥，关注并满足所有学习者多样化需求的过程。以覆盖所有适龄儿童为共识，以正规系统负责教育所有儿童为信念，涉及教育内容、教育途径、教育结构和教育战略的变革与调整。

思考与实践 ⋯⋯▶

在学界有关随班就读与融合教育异同的几种观点中，你赞同哪一种？为什么？

项目三　特殊教育政策法规

篇前语

　　特殊教育是在特殊教育政策法规支持下发展的。国家非常关心特殊教育政策法规的制定，以促进我国特殊教育的发展，帮助特殊儿童得到"公平而又质量的教育"。2014 年以来，教育部、国家发展和改革委员会、民政部等部门颁布了两期特殊教育提升计划。2017 年，《中华人民共和国残疾人教育条例》修订出台，极大地改善了特殊教育的办学条件、规模和教育质量……这一切都表明了国家支持发展特殊教育的决心和意志。

项目思维导图

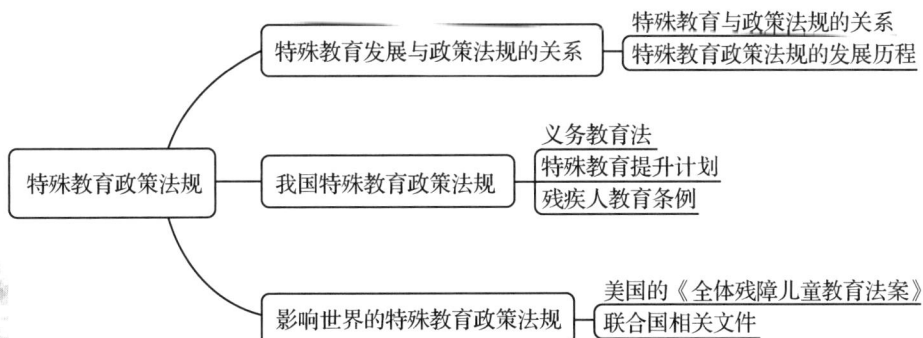

特殊教育政策法规
- 特殊教育发展与政策法规的关系
  - 特殊教育与政策法规的关系
  - 特殊教育政策法规的发展历程
- 我国特殊教育政策法规
  - 义务教育法
  - 特殊教育提升计划
  - 残疾人教育条例
- 影响世界的特殊教育政策法规
  - 美国的《全体残障儿童教育法案》
  - 联合国相关文件

学习目标

知识目标

1. 了解我国特殊教育政策法规的发展历程。

2. 了解《中华人民共和国义务教育法》、两期特殊教育提升计划、《中华人民共和国残疾人教育条例》，着重了解涉及特殊教育的内容。

3. 了解重要的特殊教育政策法规，包括美国的《全体残障儿童教育法案》和联合国的《萨拉曼卡宣言》《残疾人权利公约》。

能力目标

1. 能理解特殊教育政策法规的立法导向。

2. 能归纳特殊教育政策法规的核心部分。

素养目标

1. 具备一定的分析归纳能力。

2. 能正确地执行各级各类特殊教育政策法规，并根据实际提出合理化建议。

3. 具备新时代的创新能力，利用多种资源促进特殊教育事业发展。

课前预习

想一想：1. 我国特殊教育政策法规有哪些特点？

2. 残疾人教育条例中最核心的条款是什么？

3. 我国义务教育法涉及特殊教育的条款有哪些？

4. 世界范围内对特殊教育影响深远的文献是什么？

练一练：请你说出你了解的针对残疾人的政策法规有哪些。

▶任务一
特殊教育发展与政策法规的关系

| 任务情境 |

再苦再难也要让孙女上学

一名 10 岁先天残疾的女孩兴高采烈地上学了。女孩全家 5 口人，父亲、爷爷、奶奶及曾祖母。她是早产儿，一生下来，双腿、双脚就属于先天残疾。在孩子出生一个月后，她母亲就离家出走了，再没有回来过；父亲常年在外打工。家中生活比较困难。眼看孙女早已到了入学年龄，但是由于家中情况，无法让孩子上学，爷爷感到十分着急。

任务：结合特殊教育政策法规，你能否给予这家人帮助和指导？

教育政策法规是保障教育活动有序开展的制度规范。特殊教育政策法规在我国随着特殊教育的不断发展，在特殊教育发展的每个阶段起到引领作用。国际法规和我国国内法规相辅相成，目的是保障每个有特殊教育需求的儿童得到应有的教育和享有应有的权利。教育政策法规由国家制定，是一定历史阶段的产物。它决定着国家在某一历史阶段特殊教育方面的工作方向和措施，而不只是一种思想。不同的国家在不同的时期有着不同的特殊教育政策法规。

一、特殊教育与政策法规的关系

特殊教育是教育的一部分，教育政策法规的制定大多包含特殊教育的内容。随着我国教育事业的改革发展，特殊教育逐步成为国家有关政策法规关注的重点。坚持以问题为导向，政策法规的制定就是解决特殊教育发展中的问题。在不同时代背景下，特殊教育问题随之变化，又反过来促进各项政策法规的修订，甚至促进专项政策法规的出台。特殊教育的发展离不开政策法规，它们之间相辅相成，互相促进，也互相制约。

二、特殊教育政策法规的发展历程

特殊教育质量彰显一个国家教育公平与社会文明的深度和广度。特殊教育的发展离不开政策法规的强有力保障。特殊教育政策法规的制定往往有着强烈的时代特色。纵观我国特殊教育的发展历程，回溯有关政策法规的颁布和执行，大致可以分为如下四个阶段。

（一）特殊教育的地位得到提升，进入法律保障体系

这个阶段大致时间是 1978—1986 年。特殊教育首次被纳入国家根本大法是 1982 年颁布的《中华人民共和国宪法》。其第四十五条明确规定："国家和社会帮助安排盲、聋、哑和其他有残疾的公民的劳动、生活和教育。"这标志着我国将特殊教育纳入了国家的根本大法。这在我国是空前的举措，体现了国家对残疾人社会生活与教育的高度重视。

1986 年，《中华人民共和国义务教育法》颁布。其第四条规定："国家、社会、学校和家庭依法保障适龄儿童、少年接受义务教育的权利。"第五条规定："凡年满六周岁的儿童，不分性别、民族、种族，应当入学接受规定年限的义务教育。"其第九条规定："地方各级人民政府为盲、聋哑和弱智的儿童、少年举办特殊教育学校(班)。"首先，明确了适龄儿童、少年接受义务教育的基本权利。其次，明确特殊教育对象为盲、聋哑和智障儿童、少年。最后，特殊教育的形式可以是特殊教育学校和班，不再坚持特殊教育学校一种模式，为我国以随班就读为主体的、多样化的特殊教育格局奠定了法律基础。

1986 年 9 月，《国务院办公厅转发国家教育委员会等部门关于实施〈义务教育法〉若干问题意见的通知》指出："办学形式要灵活多样，除设特殊教育学校外，还可在普通小学或初中附设特殊教学班。"该文件表明特殊教育的办学形式走向多样化，也表明我国一直以来接纳残疾人就近入学，将轻度残疾人纳入普通教育的办学理念。

（二）特殊教育在义务教育阶段的普及，保障绝大多数特殊儿童接受教育

这个阶段时间大致是 1987—2000 年。1988 年，《中国残疾人事业五年工作纲要

(1988—1992)》规定："盲童、聋童入学率从现在的不足 6％，分别提高到 10％和 15％"。从中看到国家下决心提高义务教育阶段特殊儿童的入学率。1989 年，《关于发展特殊教育的若干意见》指出："各地学校要继续创造条件，积极吸收肢体残疾和有学习障碍、语言障碍、情绪障碍等少年儿童入学。"特殊教育对象的范围不断扩大，更多有特殊教育需求的儿童被纳入教育服务对象。1990 年 12 月颁布的《中华人民共和国残疾人保障法》明确指出："国家、社会、学校和家庭对残疾儿童、少年实施义务教育。"这强化了政府职能，明确了实施特殊教育的主体责任。1994 年 8 月出台的《中华人民共和国残疾人教育条例》指出："发展残疾人教育事业，实行普及与提高相结合、以普及为重点的方针，着重发展义务教育和职业教育，积极开展学前教育，逐步发展高级中等以上教育。"1996 年，《残疾儿童少年义务教育"九五"实施方案》进一步提高要求："到 2000 年，视力、听力言语和智力残疾儿童少年的入学率全国平均分别达到 80％左右。"特殊教育在义务教育阶段的入学率要求不断提高的同时，也考虑到其范围逐步扩大，从学前教育到义务教育再到高级中等以上教育的体系正在逐步形成。

（三）特殊教育均衡发展，实现从量到质的变化

这个阶段的时间大致是 2001—2009 年。随着特殊儿童在义务教育阶段受教育的普及，随之而来的发展不均等问题也不容忽视。西部欠发达地区的特殊教育质量明显落后于东部地区。听力障碍和视力障碍儿童的受教育情况优于智力障碍儿童。不同地区、不同学校、不同残疾类型的群体间需实现特殊教育均衡发展，体现教育公平。此阶段的政策法规着力解决特殊教育均衡发展问题。2001 年，《关于"十五"期间进一步推进特殊教育改革和发展的意见》指出："大力推进中西部地区残疾儿童少年义务教育的发展。"《"十一五"期间中西部地区特殊教育学校建设规划(2008—2010 年)》等推动特殊教育均衡发展的专门性政策法规也相继出台。2009 年，《关于进一步加快特殊教育事业发展的意见》提出了重度残疾儿童少年和多重残疾儿童少年的教育问题，也体现出国家均衡发展特殊教育的理念。

（四）特殊教育发展更具普惠性，保障能力越加强劲

这个阶段的时间是 2010 年至今。2012 年后，国家治理转向改善民生，以满足人民群众对美好生活的向往，不断提高人民群众的幸福感。公共服务型政府逐渐确立，社会福利制度转向"普惠"，基本公共教育和残疾人基本公共服务成为国家基本公共服务制度的一部分。2011年，《中国残疾人事业"十二五"发展纲要》指出将残疾人义务教育纳入基本公共服务体系，资助残疾儿童接受普惠性学前康复教育。2015年的《国务院关于加快推进残疾人小康进程的意见》、2016年的《"十三五"加快残疾人小康进程规划纲要》和《国务院关于加强困境儿童保障工作的意见》，一致强调加强残疾儿童的福利服务，提升残疾人的基本公共服务水平，提高残疾人的受教育水平。

融合教育受到重视。国家要求全面推进融合教育，使每一个残疾孩子都能接受合适的教育；要大力推进融合教育，全面实施融合教育；针对实名登记的未入学残疾儿童少年的残疾状况和教育需求，采用多种形式，逐一安排其接受义务教育；为确实不能到校就读的重度残疾儿童少年提供送教上门或远程教育等服务。这些均表明特殊儿童的教育安置形式得到有力扩充，在一定意义上表明我国特殊教育正迎来蓬勃发展的新时代。每一个有着特殊教育需求的儿童都得到更多的关注和尊重，以体现个体差异，满足每个人不同的教育需求，真正实现特殊教育的发展，从而使整个特殊教育质量保障体系取得质的飞跃。

同步考核

一、判断题

1. 教育政策法规是教育发展的纲领性文件。（　　）

2. 听力障碍和视力障碍儿童的受教育情况优于智力障碍儿童。（　　）

3. 政策法规同特殊教育是领导关系。（　　）

二、单选题

1. 特殊教育首次被纳入国家根本大法是（　　）颁布的《中华人民共和国宪法》。

A. 1988年　　　　B. 1982年　　　　C. 1992年　　　　D. 1982年

2. 特殊教育在义务教育阶段的普及大概在（　　）。

A. 1987—2000年　　B. 1989—2001年　　C. 1988—2002年　　D. 1989—2003年

3.《中华人民共和国残疾人保障法》明确指出:"国家、( )、学校和家庭对残疾儿童、少年实施义务教育。"

A. 机关　　　　　B. 部门　　　　　C. 上级　　　　　D. 社会

三、填空题

1. 特殊教育发展更具＿＿＿＿＿＿＿＿＿＿＿。

2. 1986 年,《中华人民共和国义务教育法》颁布。其第四条规定:"国家、社会、学校和家庭依法保障＿＿＿＿＿＿＿＿＿＿、少年接受义务教育的权利。"

3. 融合教育又称为＿＿＿＿＿＿＿＿＿＿＿。

拓展阅读

四问特殊教育:如何呵护"折翼的天使"(节选)

随班就读,能成为趋势吗?

场景:某一小学门前,43 名家长要求校长劝退学生强强。原来,强强患有轻度智力障碍和混合型多动症,经常影响其他同学学习。

一个残疾孩子是应该进入特殊教育学校,还是尽可能在正常环境、在普通学校随班就读?

全国政协第五十八次双周协商座谈会上,全国政协常委、民进中央专职副主席朱永新认为,残疾儿童如果从小被"关起来",不利于他融入社会;只有从小在普通学校里接受教育,这些孩子长大以后才能更好地参与社会生活,实现个体和群体的自由发展。

其实,2014 年国家出台的《特殊教育提升计划(2014—2016 年)》就已明确指出:"扩大普通学校随班就读规模。尽可能在普通学校安排残疾学生随班就读。"目前,我国在普通小学、初中随班就读和附设特教班就读的学生占特殊教育在校生总数的一半以上。但让这些特殊孩子在普通学校上好学,并不容易。

天津市教育委员会一级巡视员孙惠玲曾长期分管特殊教育工作。她提出,随班就读如果做不好，就成了"随班混读""随班陪读"，甚至"随班就座"。普通学校的老师未经专门训练，本来日常工作就很多。这样一个孩子在班里，他能怎么办呢？如果有家长陪读，效果会好一些。

朱永新指出，未来特殊教育发展的方向，不是设立更多特殊教育学校，而是坚定地走融合教育之路。目前特殊教育经费 80％以上在特殊学校，只有 20％左右能到普通学校，但普通学校接纳了 50％以上的特殊学生。因此，要完善融合教育的支持系统。同时，他建议将现有的特殊教育学校转型为集教学、研究、指导、培训为一体的"特教资源中心"，帮助普通学校接纳残疾儿童。

✑ | 思考 |

怎么才能让随班就读不成为随班陪读、随班就座？

▶任务二
我国特殊教育政策法规

🖇 | 任务情境 |

在家不穿衣服的小孩！

在一个居民小区里，志愿者来到一幢楼的六层。这里是一个 12 岁残疾孩子的家。家长介绍："这个孩子，今天你们来了，我们还给他穿件衣服。他平时在家从来都是不穿衣服的，也不出门，就在家里。孩子根本就没有办法与他人交流。"

这样一个孩子，我们怎么样在教育方面给他提供帮助？

一、义务教育法

1986 年 4 月，经第六届全国人民代表大会第四次会议通过正式颁布《中华人民共和国义务教育法》。它以法律制度的形式保障适龄儿童、少年接受义务教育的权利，保证义务教育的实施，提高全民族的素质。它的核心是规定义务教育是国家统一实施的所有适龄儿童、少年必须接受的教育，是国家必须予以保障的公益性事业。这是国家对包括残疾儿童在内的所有儿童做出的教育承诺。2018 年，第二次修正的《中华人民共和国义务教育法》发布。

《中华人民共和国义务教育法》共有五个方面与特殊教育有关。

一是促进义务教育均衡发展。该法第六条规定："国务院和县级以上地方人民政府应当合理配置教育资源，促进义务教育均衡发展，改善薄弱学校的办学条件，并采取措施，保障农村地区、民族地区实施义务教育，保障家庭经济困难的和残疾的适龄儿童、少年接受义务教育。"政府作为教育资源和价值的整合者、管理者，是义务教育均衡发展最大的责任主体和义务主体。各级政府应建立健全义务教育均衡发展保障制度，在政策法规方面促进特殊教育与普通教育协调发展。

二是加快特殊教育学校建设。该法第十九条规定："县级以上地方人民政府根据需要设置相应的实施特殊教育的学校(班)，对视力残疾、听力语言残疾和智力残疾的适龄儿童、少年实施义务教育。"其明确了办学主体是"县级以上地方人民政府"。按照《特殊教育学校建设标准》，盲校(班)的设置由省级或设区的市级人民政府统筹安排；聋校(班)和培智校(班)的设置，由设区的市级或县级人民政府统筹安排。该法第十九条还规定："特殊教育学校(班)应当具备适应残疾儿童、少年学习、康复、生活特点的场所和设施。"另外，该法规定针对不同障碍类型的学生，根据其身心特点，配置符合不同障碍学生教学、训练和生活需要的校舍及设施、教学器材等。比如，视力障碍学生的学习环境需要盲文刻印机(由明眼文转换为盲文)和盲文复印机；听力障碍学生的学习环境需要律动教室、听力检测设备、语训设备、多媒体讲台等。该法第十九条又规定："普通学校应当接收具有接受普通教育能力的残疾适龄儿童、少年随班就读，并为其学习、康复提供帮助。"最后，国家为保证和不断提高随班就读教育质量提出了基本要求，并提供了法律支持。

三是改善和提高特殊教育教师的待遇。该法第三十一条第三款规定："特殊教育教师享有特殊岗位补助津贴。"1956年起，担任盲、聋哑中小学的教员、校长、教导主任按照等级工资的15%加发津贴。后来，享有特殊教育津贴的范围扩大，包含在盲、聋、培智特殊教育学校的所有在编正式职工。接着，《中华人民共和国残疾人保障法》指出："特殊教育教师和手语翻译，享受特殊教育津贴。"至此，国家三次调整享有特殊教育津贴的范围，可见对特殊教育的支持力度不断加大。

四是确保办学经费。该法第四十三条规定："特殊教育学校(班)学生人均公用经费标准应当高于普通学校学生人均公用经费标准。"由于特殊教育对象身心存在障碍，教师教学时需要花费更多的时间照顾到每一个人。因此，特殊教育学校不能只进行文化知识的传授，忽视特殊学生的身心康复训练和生活技能的培养，应采用小班制教学。1994年，国家教育委员会规定盲班、聋班班额为12~14人，培智班班额为12人。因此，特殊教育成本远远高于普通教育。上述规定为政府制定特殊教育学校人均公用经费标准、保障特殊教育学校正常运转提供了法律依据。

五是加强法律责任追究。该法第五十七条规定："学校有下列情形之一的，由县级人民政府教育行政部门责令限期改正；情节严重的，对直接负责的主管人员和其他直接责任人员依法给予处分：(一)拒绝接收具有接受普通教育能力的残疾适龄儿童、少年随班就读的……"上述规定对在部分地区、部分学校发生拒收特殊儿童入学的学校主要负责人或从事教育教学的责任人员起到警示作用。

修订后的《中华人民共和国义务教育法》，及时补充了原法没有提及的随班就读的教育形式，通过随班就读更多地体现融合教育的理念。特殊儿童接受教育的整个过程中都需要包含学习、康复、生活三项任务。

二、特殊教育提升计划

我国分别实施了《特殊教育提升计划(2014—2016年)》和《特殊教育提升计划

(2017—2020 年)》。随着两期特殊教育提升计划的完成，我国特殊教育日趋向着公平、普惠、优质的方向发展。各级政府投入明显增加，残疾儿童少年义务教育普及水平显著提高，非义务教育阶段特殊教育办学规模不断扩大，基本实现了 30 万人口以上的县独立设置一所特殊教育学校的目标，使他们在国家助学体系中优先得到保障。虽然取得了重要的成就，但是我国特殊教育还存在整体水平不高、发展不平衡的问题。农村残疾儿童少年义务教育普及率不高，非义务教育阶段特殊教育发展水平偏低，特殊教育学校办学条件有待改善，特殊教育教师和康复专业人员数量不足、专业水平有待提高，普通学校随班就读、送教上门流于形式。因此，我国仍需要加快推进特殊教育发展，提升特殊教育水平，进一步保障残疾人的受教育权利，帮助残疾人全面发展和更好地融入社会，使广大残疾人共享改革发展成果。

（一）《特殊教育提升计划（2014—2016 年）》

我国一直高度重视特殊教育，党的十八届三中全会要求推进特殊教育改革发展。针对特殊教育发展的瓶颈问题，教育部、国家发展改革委员会、民政部、财政部、人力资源和社会保障部、国家卫生和计划生育委员会和中国残疾人联合会共同制订了《特殊教育提升计划(2014—2016 年)》(简称一期提升计划)并于 2014 年 2 月开始实施。

一期提升计划的总体目标是，全面推进全纳教育，使每一个残疾孩子都能接受合适的教育。经过三年努力，初步建立布局合理、学段衔接、普职融通、医教结合的特殊教育体系，办学条件和教育质量进一步提升。建立财政为主、社会支持、全面覆盖、通畅便利的特殊教育服务保障机制，基本形成政府主导、部门协同、各方参与的特殊教育工作格局。

一期提升计划的重点任务包括三个方面。一是提高普及水平，特别是对未入学残疾儿童少年，逐一安排其接受义务教育，提升特殊教育发展水平，彰显教育公平理念。二是加强条件保障，重点是保障特殊教育学校正常运转和提高办学水平。三是提升教育教学质量，重点是建立完善的特殊教育学校课程和教材体系。

一期提升计划的主要措施包括六个方面。一是扩大残疾儿童少年义务教育规模。二是积极发展非义务教育阶段特殊教育。三是加大特殊教育经费投入力度。四是加强特殊教育基础能力建设。五是加强特殊教育教师队伍建设。六是深化特殊教育课程教学改革。

一期提升计划取得的成效包括五个方面。一是特殊教育学校教师、学生数增加。截至 2016 年年底,全国特殊教育学校有 2080 所,比 2013 年增加 147 所;在校生 49.17 万人,比 2013 年增加 12.36 万人,增长 33.6%,实现全覆盖、零拒绝,全面完成了 8 万未入学的残疾儿童的入学任务,使三类残疾儿童入学率超过 90%。二是特殊教育保障能力大幅提升。特殊教育生均预算内公用经费大幅提高,部分地区超过 6000 元;中央财政特殊教育专项经费大幅提高,超过 4.1 亿元;特殊教育学校的办学条件大幅改善;对残疾学生的资助力度不断加大。三是特殊教育师资队伍建设加强。截至 2016 年,特殊教育学校共有专任教师 5.32 万人,比上年增加 0.29 万人。另外,共有 60 所本专科高校计划招收特殊教育专业学生 6436 人,其中本科生 3994 人,专科生 2442 人。教育部在"国培计划"中专门设立特殊教育骨干教师培训项目,对 5350 余名特殊教育学校骨干教师进行了集中培训。特殊教育学校教师的待遇得到提升、专业化水平不断提高。四是特殊教育质量得到提升。颁布盲、聋和培智三类特殊教育学校义务教育课程标准,这是新中国成立以来首次专门为残疾学生制定一整套系统的学习标准。五是积极推进融合教育、医教结合等教育教学的改革。

从 2014 年"盲人高考"破冰,到 2015 年《特殊教育教师专业标准(试行)》颁布,再到 2016 年特殊教育学校义务教育课程标准出台,一个又一个标志性事件让我们看到一期特殊教育提升计划的实施,使我国特殊教育事业得到大力发展。

(二)《第二期特殊教育提升计划(2017—2020 年)》

一期提升计划实施的三年来,各地教育行政部门积极会同卫生、民政、残联等部门,深化合作,加强沟通,在政策支持、项目倾斜、资源共享等方面逐步形成合力,支持特殊教育改革发展,取得了优异的成绩。2017 年 7 月 17 日,《第二期特殊教育提升计划(2017—2020 年)》(简称二期提升计划)印发。该提升计划明确提出提高残疾儿童少年义务教育普及水平、加快发展非义务教育阶段特殊教育、健全特殊教育经费投入机制、健全特殊教育专业支撑体系、加强专业化特殊教育教师队伍建设、大力推进特殊教育课程教学改革六项举措。

二期提升计划的总体目标是，各级各类特殊教育普及水平全面提高，保障能力全面增强，教育质量全面提升。残疾儿童少年义务教育入学率超过95%，实现残疾儿童少年义务教育的全面普及。

二期提升计划的重点任务包括三个方面。一是完善特殊教育体系。在全面普及残疾儿童少年义务教育的同时，加大力度发展残疾人非义务阶段的教育，将残疾人义务教育与前端的学前教育和后端的高中及以上教育衔接起来。着力让学历教育与非学历教育都发展起来，加快构建残疾人终身学习体系。二是增强特殊教育的保障能力。关键是按照可持续发展的要求，加大倾斜支持特殊教育的体制机制建设，重点包括财政投入机制、办学条件改善机制、教师队伍建设机制和残疾学生资助机制等。三是提高特殊教育质量。关键是提升特殊教育教师的专业化水平，建立一支数量充足、结构合理、素质优良、富有爱心的特殊教育教师队伍。同时，深化特殊教育的课程改革，加强课程教材和教育教学的资源建设，推进优质教育资源的共享。

二期提升计划的主要措施包括六个方面。一是提高残疾儿童少年义务教育普及水平。二是加快发展非义务教育阶段特殊教育。三是健全特殊教育经费投入机制。四是健全特殊教育专业支撑体系。五是加强专业化特殊教育教师队伍建设。六是大力推进特殊教育课程教学改革。

二期提升计划的成效包括如下。截至2018年12月31日，我国31个省(市、区)已经全部颁布了贯彻落实国家层面出台的《第二期特殊教育提升计划(2017—2020年)》实施方案。根据《2019年全国教育事业发展统计公报》，全国共有特殊教育学校2192所，比上年增加40所，增长1.86%；特殊教育学校共有专任教师6.24万人，比上年增加0.37万人，增长6.31%。招收特殊教育学校、附设特教班、随班就读和送教上门学生共14.42万人，比上年增加2.07万人，增长16.76%；在校生79.46万人，比上年增加12.87万人，增长19.32%。其中，附设特教班在校生3845人，占特殊教育在校生的0.48%；随班就读在校生39.05万人，占特殊教育在校生的49.15%；送教上门(含特殊教育学校、普通小学、初中送教上门)在校学生17.08万人，占特殊教育在校生的 21.50％。从以上数据中可以看出，特殊教育事业各方面持续向好。

三、残疾人教育条例

我国为切实保障残疾人的受教育权，于 1994 年 8 月制定《中华人民共和国残疾人教育条例》(简称《条例》)。随着经济社会发展，教育事业改革不断向前。2017 年 2 月，经修订的《条例》公布，并于当年 5 月 1 日起正式施行。《条例》从残疾人保障义务教育、扩大职业教育和防止各类教育入学歧视等方面，增设了相关规定，强化了合理配置特殊教育资源、规范残疾人教学、提高特殊教育质量和教师待遇等方面的相关制度。

（一）《条例》制定的背景

《条例》作为我国第一部有关残疾人教育的专项法规，开创了以法律保障我国残疾人平等受教育权利的先河。随着教育改革的深入，教育现代化逐步推进，残疾人教育事业越来越受到党中央、国务院的高度重视，国家陆续出台的一系列政策措施、法律法规保障了残疾人教育事业的发展。但是特殊教育也存在一些问题，主要表现在：融合教育在特殊教育中的受重视程度不足，特殊教育理念相对滞后；不同地区仍存在残疾人入学难、教育资源分布不均、优质资源不足的问题；特殊教育长期依赖于普通教育，没有符合特殊教育实际的教材、课程标准、评价机制等，教学规范需要加强；特殊教育教师队伍建设力度小；经费、资源保障仍需加强。为了有效解决这些问题，有必要对《条例》进行修改、完善。

（二）《条例》的主要亮点

《条例》主要针对残疾人教育发展目标和理念、残疾人入学、教育教学、教师队伍、保障支持等方面做出修订，主要有以下三个亮点。

一是保障教育机会平等。《条例》第七条规定："学前教育机构、各级各类学校及其他教育机构应当依照本条例以及国家有关法律、法规的规定，实施残疾人教育；对符合法律、法规规定条件的残疾人申请入学，不得拒绝招收。"《条例》第八条规定："残疾人家庭应当帮助残疾人接受教育。"《条例》第五十二条规定："残疾人参加国家教育考试，需要提供必要支持条件和合理便利的，可以提出申请。教育考试机构、学校应当按照国家有关规定予以提供。"

为了提高残疾人教育的普及程度，《条例》第四十九条规定："县级以上地方人民政府应当根据残疾人教育发展的需要统筹规划、合理布局，设置特殊教育学校，并按照国家有关规定配备必要的残疾人教育教学、康复评估和康复训练等仪器设备。"《条例》第十七条规定："适龄残疾儿童、少年需要专人护理，不能到学校就读的，由县级人民政府教育行政部门统筹安排，通过提供送教上门或者远程教育等方式实施义务教育，并纳入学籍管理。"以上规定以法律的形式固化，切实保障了残疾人接受教育的公平机会。

二是积极推进融合教育。《条例》提出"积极推进融合教育""优先采取普通教育方式"，进一步明确了我国残疾人教育的发展方向。《条例》第三条规定："残疾人教育应当提高教育质量，积极推进融合教育，根据残疾人的残疾类别和接受能力，采取普通教育方式或者特殊教育方式，优先采取普通教育方式。"《条例》第十七条规定："适龄残疾儿童、少年能够适应普通学校学习生活、接受普通教育的，依照《中华人民共和国义务教育法》的规定就近到普通学校入学接受义务教育。"以上规定从宏观到具体均体现了融合教育思想是将对残疾学生的教育最大限度地融入普通教育。

三是加强政策支持保障。在回顾我国特殊教育发展政策和实践经验的基础上，修改后的条例进一步明确了各级政府和有关部门发展残疾人教育的职责，对残疾人教育的入学安排、教育教学活动、资源配置、师资配备和经费保障等做了明确规定。

为了加强对残疾人教育的保障和支持，《条例》第四条规定："县级以上人民政府应当加强对残疾人教育事业的领导，将残疾人教育纳入教育事业发展规划，统筹安排实施，合理配置资源，保障残疾人教育经费投入，改善办学条件。"残疾人教育所需经费纳入本级政府预算，残疾人就业保障金可以按规定用于特殊教育学校开展职业教育。《条例》第十六条规定："县级人民政府应当根据本行政区域内残疾儿童、少年的数量、类别和分布情况，统筹规划，优先在部分普通学校中建立特殊教育资源教室，配备必要的设备和专门从事残疾人教育的教师及专业人员，指定其招收残疾儿童、少年接受义务教育；并支持其他普通学校根据需要建立特殊教育资源教室，或者安排具备相应资源、条件的学校为招收残疾学生的其他普通学校提供必要的支持。县级人民政府应当为实施义务教育的特殊教育学校配备必要的残疾人教育教学、康复评估和康复训练等仪器设备，并加强九年一贯制义务教育特殊教育学校建设。"《条例》第五十一条规定："招收残疾学生的学校对经济困难的残疾学生，应当按照国家有关规定减免学费和其他费用，并按照国家资助政策优先给予补助。国家鼓励有条件的地方优先为经济困难的残疾学生提供免费的学前教育和高中教育，逐步实施残疾学生高中阶段免费教育。"

修订后的《条例》在理念上更加体现教育公平，体现权利为本，明确禁止任何基于残疾的教育歧视；在教育方针上，明确"保障义务教育，着重发展残疾人职业教育"，提出"提高教育质量""积极推进融合教育""优先采取普通教育方式"；进一步明确了各级人民政府的职责；强调了合理配置特殊教育资源、规范教育教学、提高特殊教育教师专业化水平和待遇等要求。

同步考核 ……▶

一、判断题

1. 1986 年 4 月，经第六届全国人民代表大会第四次会议通过正式颁布的《中华人民共和国义务教育法》，目前经过两次修订。（　　）

2.《中华人民共和国义务教育法》规定："市级以上地方人民政府根据需要设置相应的实施特殊教育的学校(班)，对视力残疾、听力语言残疾和智力残疾的适龄儿童、少年实施义务教育。"（　　）

3. 特殊教育学校(班)学生人均公用经费标准应当略高于普通学校学生人均公用经费标准。（　　）

二、单选题

1. 特殊教育教师和手语翻译，加发(　　)的特殊教育津贴。

A. 20％　　　　　　B. 10％　　　　　　C. 15％　　　　　　D. 30％

2. 我国第二期特殊教育提升计划的完成时间是(　　)。

A. 2014—2016 年　　　　　　　　B. 2016—2020 年

C. 2017—2019 年　　　　　　　　D. 2017—2020 年

3. 目前基本实现了( )万人口以上的县独立设置一所特殊教育学校的目标。

A. 20   B. 30   C. 35   D. 40

三、填空题

1. 二期特殊教育提升计划的总体目标有：残疾儿童少年义务教育入学率达到_____以上，实现残疾儿童少年义务教育的全面普及。

2. 《中华人民共和国残疾人教育条例》是我国_____有关残疾人教育的专项法规。

3. 《中华人民共和国残疾人教育条例》从残疾人保障义务教育、_____和防止各类教育入学歧视等方面，增设了相关规定，强化了合理配置特殊教育资源、规范残疾人教学、提高特殊教育质量和教师待遇等方面的相关制度。

| 拓展阅读 |

四问特殊教育：如何呵护"折翼的天使"（节选）

"特教工作压力大、难度大、社会认同感低，职业幸福感差，他们渴望受尊重，期盼被认可。"全国政协教科文卫体委员会原副主任马德秀曾在调研中发现，各地特殊教育的师生比不平衡，北京、上海可达1∶2，而中西部1∶10的并不少见。

"特殊教育发展中，最主要的问题是师资缺乏。"南京师范大学副校长朱晓进指出，2015年特殊教育学校在校人数比上午增加了4.74万人，可特殊教育专任教师数只增加了2200人。

"师资还存在结构失衡问题。"马德秀曾在调研中发现，早期诊断、身体康复、语言纠正、行为矫正等专职技术服务教师和心理健康教师缺乏，仅占5%；性别结构上，男教师仅占20%，远低于普通中小学；学历结构上，大专及以下学历超过40%，欠发达地区教师学历更低；特殊教育教师中，主修特殊教育的仅占30%，大部分出普通学校转岗……

增强特殊教育教师的职业吸引力，十分紧迫。"目前，我国特殊教育津贴为基本工资的15%，核算下来，只占全部收入的5%。"马德秀建议，为特殊教育教师建立专门职称评聘体系，"因为现在通常以普通学校教师标准评聘特殊教育教师，导致特殊教育教师花大量精力准备与本职毫不相干的内容，而一旦评上便打通了转岗普通学校的渠道，加速了人才流失"。

"建议增强专职特殊教育教师的培养力量。"朱晓进指出，现在我国只有一所独立设置的以培养特殊教育师资为主的普通高校；2015年，全国有78所学校招收特殊教育专业的学生，就算招收的7100名学生毕业全部从事特殊教育工作，也不能满足需要。

朱晓进还建议，重视特殊教育教师的心理健康问题，建立心理辅导站，并在各种表彰中给予特殊教育教师更多的关爱，让他们多点荣誉感。

✎ | 思考 |

如何完善特殊教育师资队伍建设？

▶任务三

影响世界的特殊教育政策法规

🔗 | 任务情境 |

老师，我想参加考试

曾获播音主持大赛二等奖的盲人姑娘小娜，2011年1月和7月两次报考某市高等教育自学考试的播音与主持专业遭拒。为此，她给某市教育考试院写信，得到的答复却是"建议报考其他专业"。此事曾引发了社会的广泛关注。

任务：你如何看待某市教育考试院的做法？你会如何帮助小娜？

一、美国的《全体残障儿童教育法案》

1975 年，美国颁布了《全体残障儿童教育法案》。该法案极大地促进了美国特殊教育的发展，使残疾儿童受教育的人数由 22 万多人猛增到 370 多万人（1977 年）。该法案在美国特殊教育的历史上具有很强的代表性和权威性，明确了教育对象是 3～21 岁的残疾儿童和青少年，障碍类别包括盲、聋、智力、言语、重听、多重障碍、严重情绪困扰、肢体障碍、身体病弱以及学习障碍。该法案是美国针对特殊教育的根本大法，主要涉及如下六个方面的规定。

（一）免费的、合适的公立教育

该法案确定的是全体残疾儿童，不论是哪类障碍，不论障碍程度如何，全部以零拒绝为原则，提供无须其父母或监护人支付费用的、适合他们特别需求的教育。同时还包括相关服务在内，如语言培训、职能培训之类的各种相关服务，以便使有障碍的各类儿童受益于特殊教育。

（二）最少限制环境原则

这要求尽可能让残疾儿童与非残疾儿童一起接受教育。残疾儿童以读普通班为原则，只有当残疾儿童确实因身心条件不允许，才能采用除普通班外的教育安置形式。这从根本上保证了社会对残疾儿童的接纳，真正体现以人为本，保障了对残疾儿童的安置与其教育需求的一致。

（三）非歧视性评估

这强调残疾儿童在接受何种教育安置形式前，必须接受由政府、医疗机构、社区、学校等多方组成的专家团的评估。该评估不能有任何种族、文化或语言上的歧视；需明确特定的评估目的；需经由专业人士遵循一定的程序开展；必须包含所有的相关领域；其单项的评估并不能作为制订教育计划和确定安置的唯一依据。

（四）个别化教育计划

该计划是教师同父母或监护人一起特别为每一个残疾儿童制订的。个别教育计划必须包括以下几个方面内容：学生当前的学习能力水平；目前的健康状况和障碍程度；

年度目标和与之相应的教学目标；需要提供的教育服务；学生参与普通教育课程内容学习的程度；所需时间，包括实施服务的计划和服务的期限；有明确标准的年度评估程序，以判断教学目标是否实现。

（五）父母参与权

该条款为父母或监护人能够积极全面地参与到影响其子女教育的决策过程中提供了保障。父母或监护人有权参与到个别教育计划的制订、评估、安置等各个环节的决定中。

（六）法律正当程序保护

该条款为父母或监护人提供了有关其子女教育方面的几项保护。具体来说，父母或监护人有以下权利：获得子女教育方面的机密档案；审查档案；进行独立性的评估；如果校方需要在残疾儿童教育分类或就学安置方面有所变动，校方必须以书面的方式通知父母或监护人(对父母不懂英文的，要以父母母语的方式通知)；父母如果与学校在儿童教育计划上产生争端时，能得到公平听证的权利。此外，残疾儿童父母或监护人还有委托法律顾问的权利。

该法案历经了多次修订，见证和推动了美国特殊教育的发展。从它的演进历程中我们可以透视出特殊教育理念在实践中的一些变化和发展。

第一，逐渐摒弃了关于"残疾"的一些负面用语。例如，"handicapped"一词蕴含着残疾人低人一等的含义，而代之以"disability"。这些都体现了以人为本、儿童优先的原则，表现了当今特殊教育领域在术语使用上逐渐摒弃了残疾范式，越来越多地采用支持性的语言模式，将"障碍"更多地理解为人的一种特征。

第二，教育平等观念逐步扩充。该法案从零拒绝开始，保障所有残障碍儿童有权进入公立学校接受教育，实现了平等的受教育机会；进而发展到在平等的受教育机会前提下，如何根据个人的特殊需要来实施个别化教育；再到如何能及早地在学前阶段实施有效的补救教学。

第三，特殊教育从关注外在的环境安置到注重内在的服务品质。特殊儿童的教育从隔离式教育发展到回归主流教育，关注的焦点是特殊儿童的外在安置环境上的变化，使第一代融合教育得以确立。随着融合教育理念的实施，特殊教育将不再体现为一个安置地方，而是一种支持和服务。该法案引导教育工作者走向第二代融合教育之路，通过整个学校的改革和重建，使全体学生得到平等教育。

第四，关注个体的生涯发展和特殊教育成效。该法案为特殊儿童提供了全面的教育服务保障，从婴儿的个别化家庭服务计划到学生的个别化教育计划，再到成年后的个别化转衔计划，涉及个体在家庭、学校、社区工作、成人服务机构等不同生活环境的发展。对特殊教育成效目标的关注不再只是接受特殊教育服务的数量，而是转向了特殊儿童接受教育后成年生活的质量，即障碍者在独立性、融合性、生产性、满意性上的发展成效，对障碍者应抱有较高的期望。

第五，重视多元评估和实际干预策略的研究。该法案重视对特殊儿童的评估，除了在评估中对多元文化和不同语言的尊重以外，在评估内容上注重多专业人员的团队合作，从认知、行为、生理和发展等多领域整体地考察特殊儿童的需要与长处，并决定他们所需要的特殊教育及相关服务。

二、联合国相关文件

（一）《萨拉曼卡宣言》

1.《萨拉曼卡宣言》发布的背景

萨拉曼卡大会是在 1992 年和 1993 年分别召开的五次区域性特殊需要教育会议（议题均为"特殊儿童的教育之政策、规划"）的基础上举行的。会议地点在西班牙萨拉曼卡市，联合国教科文组织于 1994 年 6 月 10 日在该会议上通过《萨拉曼卡宣言》。当时，全世界共有 92 个国家、88 个会员国、25 个国家组织和机构，如联合国开发计划署、世界银行、国际劳工组织等，和一些非政府组织，如世界盲人联合会、欧洲特殊教育联合会等的近 400 人出席会议。故而《萨拉曼卡宣言》在全世界范围内对特殊儿童教育有着深远的影响。

大会通过的《萨拉曼卡宣言》和《特殊需要教育行动纲领》两份重要文件，从教育需要设施的规划和决策过程，表明了国际社会将融合教育落实于实践的决心和承诺。

2.《萨拉曼卡宣言》的主要内容

与会代表重申了对"全民教育"的承诺，认识到在普通教育系统中向特殊教育需要儿童、青年和成人提供教育的必要性和紧迫性，并特此签署《特殊需要教育行动纲领》，以对各国政府和有关组织起指导作用。

第一，每个儿童都有受教育的基本权利，必须获得可达到的并保持可接受的学习水平的机会；每个儿童都有其独特的特性、兴趣、能力和学习需要；教育制度的设计和教育计划的实施应该考虑到这些特性和需要的广泛差异；特殊教育需要儿童必须有机会进入普通学校，而这些学校应以一种能满足其特殊需要的儿童中心教育学思想接纳他们；以全纳为导向的普通学校是反对歧视态度、创造受人欢迎的社区、建立全纳社会以及实现全民教育的有效途径；普通学校应向绝大多数儿童提供一种有效的教育，提高整个教育系统的效率并最终提高其成本效益。

第二，改善教育制度方面给予政策和预算的优先考虑，以使教育制度能容纳所有儿童而不论其个体差异或个人困难如何；以法律或方针的形式通过融合教育原则，在普通学校招收所有儿童，除非有不这样做的令人信服的理由；建立示范性项目并鼓励同具有全纳学校经验的国家进行交流；建立分权的参与性机制，以规划、监测和评价用于特殊教育需要儿童和成人的教育设施；鼓励并促进家长、社区和残疾人组织参与有关特殊教育需要设施的规划和决策过程；在早期鉴别和干预的策略乃至职业的融合教育方面投入更大的努力；确保在制度变革的情况下，职前和在职教师教育计划都涉及全纳学校中特殊需要教育的内容。

第三，有国际合作项目的各国政府、各国际基金组织，特别是世界全民教育大会的发起者，即联合国教科文组织、联合国儿童基金会、联合国开发计划署和世界银行一同落实全纳学校教育，并支持特殊教育需要的发展，以作为所有教育计划的组成部分。

3.《萨拉曼卡宣言》的影响

首先，《萨拉曼卡宣言》中特殊教育需要的提出为特殊教育发展增砖添瓦。它的提出实质上是更新了我们对特殊儿童的认识。一方面，他们是正在发展、成长的儿童，有着和普通儿童一样的发展规律和特点；另一方面，他们又有着独特性和特殊性，在某一方面存在特殊困难或特殊需求。

其次，特殊教育需要的提出促进了特殊教育领域的拓展。特殊教育不再只是残疾儿童的专利，其教育对象由占儿童总数的 3％～5％ 的特殊儿童覆盖到特殊教育需要儿童，即面向所有儿童。因为所有儿童都有可能在他们接受教育和求学生涯的某个时期或某个方面经历到某种困难，并由此而产生特殊教育需要。

最后，它为现代特殊教育工作指明了方向。从共性来看，不能因为特殊儿童存在某些方面的缺陷或障碍，从而得不到正常的待遇或者减少他们全面发展的条件、机会和基本权利等；与此同时，还应在教育工作中尽可能给予残疾儿童必要的补偿，为他们在一起接受公共教育、追求共同发展奠定基础。另外，教学还应从特殊儿童的实际出发，同中求异。除了采取一般教育措施和方法以外，还需要采取特殊教育措施和方法，最终满足他们的特殊教育需要，以保证他们接受教育的效果，从而达到最终的目标。

（二）《残疾人权利公约》

《残疾人权利公约》的实际起草行动开始于 2003 年年底，我国有一名代表参与。经过 8 次特设委员会全体大会和长达 5 年的谈判，联合国特别委员会于 2006 年通过了《残疾人权利公约》草案。《残疾人权利公约》于 2008 年正式生效，在此之前国际中还没有专门保障残疾人权利的公约。《残疾人权利公约》确立了残疾人权利的价值与基础。

我国作为最大的发展中国家，残疾人所占比例也是较大的。我国对残疾人权利的保护是比较看重的，在《残疾人权利公约》的制定过程中也做出了巨大的贡献。我国是《残疾人权利公约》制定的积极倡导国；我国是《残疾人权利公约》制定的重要参与国；我国是《残疾人权利公约》的首批缔约国；我国是《残疾人权利公约》的忠实履约国。我国强调公约要平衡，不仅要重视残疾人的政治权利，而且要重视残疾人的经济、社会和文化权利，特别是他们的生存权和发展权。所以，我国在履行公约的过程中，残疾困难人口大量减少了，国家发展规划纳入了健康保健、社会保障等残疾人权益的重要方面，建筑和信息无障碍相关条例出台。这些都为改变社会在联合国《残疾人权利公约》制定及实施中对待残疾人的态度、保证倾听残疾人的声音提供了坚实基础。

以《残疾人权利公约》为指导，我国残疾人权利保护的规范体系和实践模式进一步完善。自20世纪80年代以来，我国将残疾人事业归纳入社会发展规划，并出台政策性文件。在不断的发展过程中，我国残疾人权利保护的法律趋于完善，更加突出了"以残疾人的权利为本"的理念，确立了"禁止基于残疾的歧视"原则，增设和完善了残疾人康复、教育、劳动就业、文化生活、社会保障以及无障碍环境建设等方面的保障性条款，并强化了侵害残疾人的权益所应承担的法律责任。法律条文的出台是促进保护残疾人权利的强有力手段。

我国残疾人权利保护的现代价值观和宗旨初步确立。新的残疾人价值观以人类现代社会文明和人权保护为尺度，其核心是平等、参与和共享。这些对于消除我国封建腐朽思想中对残疾人的偏见有着深远的意义。

《残疾人权利公约》为残疾人权利的保护提供了法律体系的支撑，也为我国残疾人事业的发展指明了方向。但其中也还存在未能完全得到解决的问题。例如，有些民众还是对残疾人存在一定的偏见；残疾人的生存和发展存在一些问题；残疾人受教育的问题有待解决；残疾人权益保护的配套设施不完善等。这些都是我们接下来要着手为残疾人解决的问题。所以要贯彻《残疾人权利公约》的精神和宗旨，为残疾人提供平等参与生活和生存发展的权利，不断消除民众对残疾人的偏见，优化制度建设，以此推进我国残疾人事业的发展。

同步考核 ·····▶

一、判断题

1. 美国《全体残障儿童教育法案》明确了教育对象是3～18岁的残疾儿童和青少年。（   ）

2. 美国《全体残障儿童教育法案》重视多元评估和实际干预策略的研究。（   ）

3. 联合国教科文组织于1994年7月10日通过《萨拉曼卡宣言》。（   ）

二、单选题

1. 美国《全体残障儿童教育法案》中的( )原则,从根本上保证了社会对残疾儿童的接纳,真正体现以人为本,保障了对残疾儿童的安置必须与其教育需求的一致。

A. 最少受限制环境　　　　　　　　B. 人人平等

C. 最少受限　　　　　　　　　　　D. 非歧视性评估

2. 萨拉曼卡大会是在1992年和( )年分别召开的五次区域性特殊需要教育会议的基础上举行的。

A. 1993　　　　　　　　　　　　　B. 1994

C. 1995　　　　　　　　　　　　　D. 1996

3.《萨拉曼卡宣言》坚信并声明:每个儿童都有其独特的特性、( )、能力和学习需要。

A. 性格　　　　　　　　　　　　　B. 气质

C. 风格　　　　　　　　　　　　　D. 兴趣

三、填空题

1.《萨拉曼卡宣言》坚信并声明:每个儿童都有_____的基本权利,必须获得可达到的并保持可接受的学习水平的机会。

2.《残疾人权利公约》确立了残疾人权利的_____。

3.《全体残障儿童教育法案》明确了教育对象是3~21岁的残疾儿童和青少年,障碍类别包括盲、聋、智力、言语、重听、多重障碍、_____、肢体障碍、身体病弱以及学习障碍。

思考与实践 ……▶

1. 我国特殊教育事业的发展趋势是什么?

2. 我国特殊教育政策法规的发展阶段有哪些?

| 岗位小贴士 |

你我手拉手 一起共成长

东环小学共有学生 5611 人，其中随班就读的残疾学生有 7 人，经残委会鉴定不具备接受教育能力的有 2 人。根据广西壮族自治区教育厅关于开展 2022 年特殊教育宣传月活动的通知的精神，东环小学结合实际，开展了学习特殊教育政策法规活动以及政策宣讲活动，开展了特殊儿童关爱活动。这要求教师在集体教学中兼顾随班就读学生的个体需要；在教学中给残疾学生以充分参与的机会；在生活上，促使随班就读学生与普通学生的交往，营造大家关心特殊群体、帮助残疾学生、热爱特殊教育事业的良好氛围。

项目四 儿童发展概述

篇前语

　　走在城市的居民小区角落时，我们不由自主被玩耍的儿童吸引。他们在蹒跚学步，身旁是充满爱意的家人在呵护。每当看到孩子纯真的笑容，家人会忍不住报之以微笑。牙牙学语的孩童，世界愿意用全部的爱与温柔来陪伴他们的成长。

项目思维导图

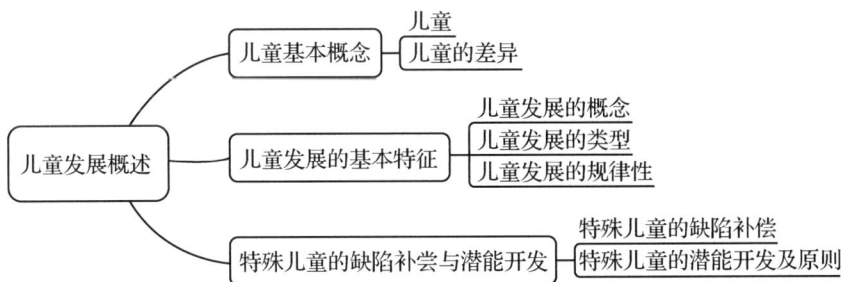

儿童发展概述
- 儿童基本概念
  - 儿童
  - 儿童的差异
- 儿童发展的基本特征
  - 儿童发展的概念
  - 儿童发展的类型
  - 儿童发展的规律性
- 特殊儿童的缺陷补尝与潜能开发
  - 特殊儿童的缺陷补偿
  - 特殊儿童的潜能开发及原则

知识目标

1. 掌握儿童的基本概念。

2. 理解儿童发展的一般规律，理解遗传、环境对人的影响。

3. 理解特殊儿童发展潜能优先原则。

能力目标

熟悉儿童的发展里程碑，能够参照发展里程碑对比生活中的儿童发展情况。

素养目标

1. 具有"以儿童为中心"的教学理念。

2. 正确看待普通儿童与特殊儿童之间的差异。

课前预习

幼儿园户外活动结束，幼儿回到教室，坐在小椅子上静静地等待着，按照教师的要求等待教师发水杯，准备喝水。有一个幼儿等不及了，吵着要喝水，去抢水杯，不给就躺在地上发脾气。

结合案例想一想，对待这样的幼儿教师应该怎么办呢，如何了解幼儿的需求？

▶任务一
儿童基本概念

🔗 |任务情境|

人生的头三年胜过以后发展的各个阶段，胜过三岁以后直到死亡的总和。

——[意]蒙台梭利

我们该如何看待儿童？如何看待儿童的发展阶段？

本任务需要了解儿童的概念及其基本特点，了解儿童发展的一般规律，理解遗传、环境和教育对儿童发展的影响，了解全社会都要努力为儿童发展营造良好的环境。

一、儿童

（一）什么是儿童

儿童是指从生命诞生之始到成年期之前的个体。儿童也指年纪小于 14 周岁的孩子。在我国古代，凡是出生后至尚未成年的这一年龄段的人都被称为儿童，现代是指年纪小于少年的孩子。联合国《儿童权利公约》将儿童界定为"18 岁以下的任何人"，除非对其适用的法律规定的年龄不到 18 岁的。医学界将 14 岁以下作为儿童的医学观察年龄段。

（二）儿童发展阶段

儿童是身心处于未成熟阶段的个体。《教育大辞典》根据儿童发展的综合特征(活动形式、智力水平、个性、生理发展和言语水平等)，把儿童发展分成以下几个阶段：乳儿期(出生至一岁)，婴儿期(一岁至三岁)，幼儿期(三岁至六七岁)，儿童期或学龄初期(六七岁至十一二岁)，少年期或学龄中期(十一二岁至十四五岁)，青年期或学龄晚期(十四五岁至十七八岁)。通常把少年期之前的个体称为儿童。

儿童时期是人生的关键时期。对儿童的培养直接影响着儿童以后的生长发育过程，儿童的知识、思想、价值观、世界观等在这个时期都处于一个启蒙的阶段，所以对儿童的培养受到了家长和社会各界的重视。儿童的培养关乎一个家庭、一个民族、一个国家的前途和命运。儿童的发展是人类的未来。儿童的身心健康成长需要得到法律、政府、社会、家庭等各方面的保护。法律上，大多数国家都有禁止虐待儿童的法律条文，国际上也有禁止童工的惯例。从 16 世纪和 17 世纪开始，人们意识到儿童不再是缩小版的成年人，认可儿童有其特殊的心理、生理特征和娱乐活动。

二、儿童的差异

（一）发展的差异

客观事物之间都存在差异，差异无处不在、无时不在。儿童的发展也存在差异，没有两个相同的大脑，也就没有两个一模一样的儿童。每一个儿童都是独一无二的，每一个儿童的潜能都有向不同方向发展的可能性。形成差异的原因大致有遗传基因、气质特点、营养、体质、学习和发展的机会、父母素质、家庭环境、社会关系以及亲子间独特的相互作用模式等。这些都会影响儿童在个性、智力、体力等方面的发展及特点的形成。随着儿童月龄的增加，他们相互间的差异会更明显。

儿童有差别，但并无好坏之分。每个儿童都有自己的优点和长处。比如，有的儿童很细心和有耐心，但胆子比较小。有的儿童敢于冒险，探究尝试新事物、新环境，获取新的经验的机会较多，但可能不够细心和耐心。儿童的优势需要成人发现并加以支持和配合，使他们获得愉快、成功的体验，使他们既能保持个人的风格，发展个人的潜能优势，又能与环境保持一致。

|拓展阅读|

孪生子研究

孪生子研究是发展心理学上的一种较为特殊的研究，能区分出遗传与环境对心理发展的贡献。它主要通过比较同卵双生子之间和异卵双生子之间在心理发展特征上的相似程度，来了解遗传和环境因素对这种心理发展特征的影响程度。

双生子爬梯试验

美国心理学家格赛尔曾经做过一个实验：被试者是一对出生 46 周的同卵双生子 A 和 B。格赛尔先让 A 每天进行 10 分钟的爬梯实验，B 则不进行此种训练。6 周后，A 爬 5 级梯只需 26 秒，而 B 却需 45 秒。从第 7 周开始，格赛尔对 B 连续进行两周爬梯训练，结果 B 反而超过了 A，只要 10 秒就爬上了 5 级梯。

（二）儿童差异的类型

就儿童而言，存在以下几个方面的差异。

1. 个体间差异

（1）什么是个体间差异

个体间差异主要是个体在心理过程中表现出来的相对稳定且又不同于他人的身心特点，指不同个体之间智力、能力、个性、兴趣等心理特性方面的差异。它通常指个体在成长过程中因受遗传与环境的交互影响，在身心特征上所显示的彼此不同的现象。一般来说，个体间差异体现在身心发展的方方面面，但是在教育教学的情境下，个体间差异突出体现在部分心理特征上。

（2）个体间差异的表现

个体间差异主要表现在质和量两个方面。个体间差异在质方面的差异是指不同个体身心特点不同和行为方式上的表现不同。个体间差异在量方面的差异是指不同个体发展的速度快慢和发展水平的高低。

能力有高低的差异。大致来说，能力在全人口中表现为正态分布：两头小，中间大。以智力为例，智力的高度发展叫智力超常或天才；智力发展低于一般人的水平叫智力低下或智力落后；中间分成不同的层次。儿童的智力就存在差异，并且人群中智商是呈现正态分布的，如图 4-1 所示。

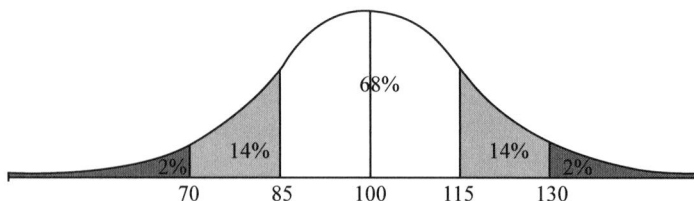

图 4-1　智商的正态分布

能力表现存在差异。人的能力的充分发挥有早、有晚。有些儿童的能力表现较早，年轻时就显露出卓越的才华。比如，音乐神童莫扎特，也被称为"天才儿童"。人才早熟这种情况古今中外、各国都有。这种情况在音乐、绘画、艺术等领域比较常见。还有另一种称为"大器晚成"。它是指智力的充分发展在较大的年龄才表现出来，年轻时并未显示出来，到中年以后才崭露头角，表现出惊人的才华。比如，中国画家齐白石 40 岁以后才开始画画，成为著名画家。这种情况在艺术、科学和政治领域常见。取得重大成就的人并不都是在儿童时期就展露才华的。

2. 个体内差异

个体内差异指同一个体内部在能力发展上的不平衡。其主要表现在个体内部能力发展表现在不同水平上。例如，一个唐氏综合征的儿童喜欢玩轮滑，玩轮滑水平就比较高，但做手工的水平一般。而有的孤独症儿童绘画能力很强，画的街景栩栩如生，但社交存在障碍。

3. 群体差异

群体差异是依据不同标准划定的不同人群之间的差异。例如，不同地区、文化、种族等特征导致的人群之间的不同。

不同性别的儿童存在差异。男孩在儿童期比较好动，一般对汽车、武器等比较感兴趣；女孩在儿童期比较安静，一般对玩偶、过家家游戏比较感兴趣。但在智力方面，一般智力因素上并无明显的性别差异。

（三）关于儿童的基本观点

1. 什么是儿童观

儿童观是指对待儿童的观念，是指社会看待和对待儿童的看法或观点。它涉及儿童的特性、权利与地位、儿童期的意义以及教育和儿童发展之间的关系等问题。中外古今，不同地域、不同时期具有不同的儿童观。

在我国传统社会中，儿童没有自己独立自主的人格，只有对长辈的依附关系。在古巴比伦、古希腊和古罗马时代，儿童在家庭和社会中没有独立的地位。现代儿童观认为，儿童是与成人平等的、独立的、发展中的个体，社会应当保障他们的生存和发展，尊重他们的人格尊严和权利，尊重他们的发展特点和规律、能力和个性。

2. 儿童观的内容

一是承认儿童的独特地位，尊重儿童的自然天性。儿童是人，有自己的人格和尊严。

二是承认儿童的未成熟状态。儿童的身心发展处在不稳定阶段，成人的监护很重要，但是要注意发挥儿童的自主性，不要过多干预儿童的行为，重视儿童的能动活动。

三是关注儿童的当下生活。儿童的学习与生活紧密相连，儿童生活本身就是学习的过程，不要把学习与儿童生活隔离开来。

同步考核 ·····▶

一、判断题

1. 儿童主要是指幼儿园阶段的孩子。(   )

2. 大多数国家都有保护儿童的相关法律。(   )

3. 在儿童中，智商是呈现正态分布的。(   )

二、单选题

1. 正确的儿童观关于儿童是怎样的个体的认识不包括(   )。

A. 平等的   B. 独立的   C. 发展中的   D. 依附于成人的

2.《教育大辞典》根据儿童发展的综合特征(活动形式、智力水平、个性、生理发展和言语水平等)对儿童发展进行阶段划分。其中婴儿期指的是(　　)。

A. 出生至1岁　　　　B. 1～3岁　　　　　　C. 3～6岁　　　　　D. 出生至3岁

3. 依据不同标准划定的不同人群之间的差异称作(　　)。

A. 个体间差异　　　B. 个体内差异　　　C. 群体差异　　　　D. 性别差异

三、填空题

1. 个体间差异主要是个体在心理过程中表现出来的_____的身心特点。

2. 个体间差异主要是表现在_____和_____两个方面。

3. 儿童观是指社会_____的看法或观点。

▶ 任务二
儿童发展的基本特征

| 任务情境 |

儿童时期是人的一生中发展、发育速度极快的时期。如果留心观察,我们会发现不同的儿童在发展中表现出不同的特点。但如果扩大观察的样本数量,我们又会发现儿童在发展的过程中呈现出一定的规律和特征。

这些规律和特征是怎样的?

特殊儿童与普通儿童相比又会有怎样的差异呢?

一、儿童发展的概念

儿童发展包括生理发展和心理发展两方面,是其生理成熟与个性心理品质的形成与变化的复杂过程。在这里,生理成熟是指儿童个体作为一个生物体的生理结构和生理机能的发展过程,是一种纯粹的生物性演变过程。而个性心理品质的形成和演化过程，却是一个以个体的生理成熟为基础，并与其生理机能的发展混为一体、互为表里的过程。生理机能是人的心理品质和行为表现的内部生理机制。

二、儿童发展的类型

（一）儿童的正常发展

普通儿童的各方面发育是比较均衡的。有时按照儿童的年龄计算，普通儿童在某些领域可能提前或滞后，但一般相差不会太多，不应超出正常范围(不超出 6 个月)。

儿童在发展的过程中，无论有哪些变化，都是有其基本的脉络和规律的。例如，正常发展的顺序是可以预测的。这种预测性来源于对许多儿童在不同阶段发展状况和水平的详细观察与归纳。早期儿童教育的教师和一些有经验的家长都懂得，每一个正常发展的儿童都能按照一定的顺序在每一个发展阶段学会一定的发展技能，但发展的具体情况又有其本身的个体差异。每一个儿童都有自己独特的发展方式和速度。儿童之间的发展速度可能有所不同，但发展的前后顺序是大致相同的。例如，儿童在学会行走之前必须学会站立，在学会站立之前必须学会坐和打滚。发展的预期是相同的，大多数儿童在学会走之前必须会爬，但也有个别儿童不是这样的。有的儿童会坐起来，有的会单脚跳，有的会用背平卧和用双脚动。上述这些个体不同的发展途径是符合个体发展的独特性的。

（二）儿童的异常发展

异常发展的儿童一般指特殊的或发展不典型的儿童，如有行为问题、学习困难、智力低下或唐氏、孤独症儿童等。对于特殊儿童，我们已经不用"残疾"这样的词语去称呼他们了。所谓特殊儿童仅仅是他们需要适合他们发展的环境来减少障碍给他们带来的影响以及促进他们各项技能的学习。当然，超常的儿童也是属于异常发展儿童。

1. 发展障碍和发展迟缓

现在专业的儿童教育中已经用"发育迟缓或障碍"替代了"残疾儿童"的说法，从而逐步形成这样的理念：有不典型特征的特殊儿童和普通儿童一样具有生长和发展的潜能。这也等于强调那些在一个或几个方面具有障碍的儿童与普通儿童之间的共性大于差异。绝大多数的特殊儿童尽管其发展速度落后于普通儿童，但是发展顺序是相同的。

经过适当的早期干预，多数困难儿童的发展问题都可以得到解决。比如，有些早产儿虽然表现出发展的滞后，但是经过早期干预，完全可以在五岁前赶上普通儿童的发展水平。同样，对于一些具有严重发展障碍的儿童，只要早期干预得当，虽然其不利的发展条件还会存在，但是会找到一种弥补其不足的方法以保证其正常机能的发挥。

2. 儿童的发展风险

有些儿童在成长过程中会因为先天及环境的不利因素而出现各种问题，他们被认为是高风险儿童。例如，母亲在怀孕期服药、沾染烟酒，会造成新生儿体重过低和儿童学习障碍、情绪失调、注意力分散等问题；遗传和染色体变异会导致唐氏综合征和先天性心脏病；另外，环境风险会对儿童发展带来不利影响，如贫穷、家长的不良行为、就医条件差等都是儿童发展风险的环境因素。

家庭教育条件导致儿童发展风险的可能因素：居家物理环境的限制导致儿童的活动范围受限，如儿童在早期爬行不足可能导致运动方面的障碍或感觉统合失调问题；家庭成员关系不和导致儿童产生焦虑、恐惧等不健康的心理状态，产生情绪行为问题；同伴互动缺乏导致儿童在人际交往方面受限；成年人互动对象的缺陷，如主要照顾者经常更换，主要照顾者有生理、心理方面的问题，主要照顾者教育能力不足等，可能导致儿童缺乏成年人的示范作用或适时的教育和引导，错过成长关键期，导致言语、行为方面的障碍。

自然环境条件导致儿童发展风险的可能因素：生活环境的污染，如空气、土壤、水源、居家环境的污染可能导致胎儿畸形、儿童智力发育障碍等问题；儿童的食品、玩具、学习用品等日常生活用品的污染，可能导致儿童各类生长发育问题。

三、儿童发展的规律性

儿童发展的规律性就是儿童随着年龄增长在身体和心理变化中普遍存在的特点。概括而言，儿童发展表现出如下五种普遍性的特点。

（一）顺序性

顺序性指在儿童的发展过程中，无论是其身体的发展还是心理的发展，都表现出一种稳定的顺序。儿童期、青春期发育遵循"向心律"。身体各部分的形态发育顺序是，下肢先于上肢，四肢早于躯干，呈现自下而上、自肢体远端向中心躯干的规律性变化。这也是为什么儿童年龄越小，其头部在身高中的比例越大的原因。在骨骼与肌肉的协调发展中，首先得到发展的是大骨骼与大肌肉，其次才是小骨骼与小肌肉群的发展与协调。所以，儿童行动能力的发展依照着翻身、坐、站、走和跑，然后才有写字、绘画等精细动作出现这样一种不变的顺序。儿童的认知和思维能力的发展遵循着先具体、后抽象的秩序。在儿童身心发展的过程中，所表现出的这种顺序是固定不变的。先前的发展变化又是其顺序序列中紧随其后的发展和变化的基础。顺序性这一特点使儿童身心发展成一种连续的、不可逆转的过程。

（二）不平衡性

不平衡性是指在连续不断的发展过程中，儿童的身心发展并不是速度完全与时间一致的匀速运动，不同年龄段发展的速度和水平是有明显差异的。生长发育速度曲线呈波浪式。从胎儿到成人，先后出现两次生长突增高峰：第一次从胎儿4个月至出生后1年；第二次发生在青春发育早期，女孩比男孩早两年左右。不平衡性是指儿童发展过程中身体和心理发展并不完全协调、统一的现象。就儿童发展的整体而言，生理成熟是先于心理成熟的。十几岁的儿童，就其身体发育来看，已经很接近成人的水平；而心理的成熟程度却要比成人低得多。但就某个具体方面而言，也有可能表现出心理能力不受生理成熟条件控制的情况。例如，3~5岁儿童的语言掌握能力和记忆能力往往优于成年人的水平。

（三）阶段性

阶段性指在儿童发展的连续过程中，不同年龄阶段会表现出某些稳定的、共同的典型特点。这种情况又被称为儿童发展的年龄特征。胎儿和婴幼儿期发育遵循"头尾发展律"。从生长速度来看，胎儿期头颅生长最快，婴儿期躯干增长最快，2~6岁下肢增长幅度超过头颅和躯干。因此，儿童的身体比例不断变化，由胎儿2个月时特大的头颅(占全身 4/8)、较长的躯干(3/8)、短小的下肢(1/8)发展到 6 岁时较为匀称的比例(头占 1/8，躯干占 4/8，下肢占 3/8)。从动作发育来看，儿童会走路前必须先经过抬头、转头、翻身、直坐、爬行、站立等发育阶段。例如，在学龄前，人的认识的特点是易于形成与实物相对应的、单个的概念；而到了儿童时期，人的认识能力已发展到可以了解和掌握事物间联系的程度，但是这种联系的建立在一定程度上还要依赖于具体事物的帮助。只有到了青年时期，人的认识能力才开始以抽象概念为基础，逻辑思维才成为人的认识能力的根本性特点。

（四）个别差异性

个别差异性是指在儿童发展具有整体共同特征的前提下，个体与整体相比较，每一个儿童的身心发展在表现形式、内容和水平方面都可能会有自己的独特之处。这种表现于个体发展方面的差异性，来源于个体遗传素质和生活环境的差别。例如，同年龄的儿童在身高方面有明显的高矮之分；同年龄的儿童也会由于他们各自神经过程灵活性的差别，在学习中表现出注意力的持久性、知觉的广度方面的差异。儿童发展过程中表现出的个别差异性，虽然在一定程度上受到生物因素的影响，但更多的结果还是来自环境和教育的差别。环境和教育的影响还能对遗传素质的优势与不足起到一定的弥补作用。这一规律也是实行因材施教、长善救失教育原则的基础。

（五）分化与互补的协调性

生理发展主要是身体、神经系统和大脑发展，是心理行为发展的物质基础。儿童的各种生理和心理能力的发展、成熟，依赖于明确分化的生理机能的作用，但在总体发展水平方面却又表现出一定的机能互补性特点，以协调各种能力，使其尽可能地适应自己的生活环境。这种协调性是具有生理缺陷的儿童发展的重要保障，使这些儿童不至于因某种生理机能的缺陷而严重地阻碍其整体发展水平的实现。这一规律也是对特殊儿童进行教育的重要依据。例如，对于听力障碍的儿童，可以通过发展其对人讲话时口型变化的精细感知能力来让他们与对方沟通。而听力正常人的这种潜在能力往往被更容易实现交流的其他方式抑制了。

以上这五种特点也是儿童身心发展过程中的本质性的、规律性的表现。儿童身心发展的规律是儿童的生理成熟先于心理成熟；儿童在每一个年龄阶段充分实现其发展水平、特点后，都有助于其后一年龄阶段的发展，否则下一年龄阶段的发展将受到阻碍。总之，儿童的发展是以个体的生物遗传素质为基础的，遗传因素是影响儿童身心发展的基本因素，环境和教育则是影响儿童身心发展的重要因素。儿童的发展借助于儿童的主体活动来完成，在活动中达到进步与提高的目的。儿童发展的基本规律是由简单到复杂，由初级到高级。所有儿童的发展都遵循这一基本规律。但儿童个体的身心发展也是有差异性的。尊重和顺应儿童个体身心发展的差异性，是提高我国儿童整体发展水平的根本途径。

同步考核 ……▶

一、判断题

1. 每一个儿童都有自己独特的发展方式和速度。儿童之间的发展速度可能有所不同，但发展的前后顺序是大致相同的。（　　）

2. 有些儿童在成长过程中会因为先天及环境的不利因素而出现各种问题，他们被认为是特殊儿童。（　　）

3. 3～5 岁的儿童的语言掌握能力和记忆能力往往优于成年人的水平。（　　）

二、单选题

1. 以下属于家庭教育条件导致儿童发展风险的可能因素的是（　　）。

A. 空气的污染　　　　　　　　　　B. 水源的污染

C. 家庭成员关系不和　　　　　　　D. 土壤的污染

2. 在儿童的发展过程中，无论是身体的发展还是心理的发展，都表现出一种稳定的顺序。通常把这种特征称为（　　）。

A. 阶段性　　　　B. 个别差异性　　　　C. 顺序性　　　　D. 不平衡性

3. 儿童发展的基本规律包括（　　）。

A. 由简单到复杂　　　　　　　　　B. 由低级到高级

C. 由差异到相同　　　　　　　　　D. 由特殊到普通

三、填空题

1. 儿童的发展包括_____和_____两方面。

2. _____是指在连续不断的发展过程中，儿童的身心发展并不是速度完全与时间一致的匀速运动，不同年龄段发展的速度和水平是有明显差异的。

3. 从生长速度看，胎儿期_____生长最快，婴儿期_____增长最快。

▶任务三
特殊儿童的缺陷补偿与潜能开发

✎ | **任务情境** |

　　我们在观察一群儿童时不难发现，即使年龄相同，个体之间的差异也是十分明显的。有的健壮，有的瘦弱；有的动作灵巧，有的动作迟缓；有的聪明伶俐，有的反应迟钝；有些善于交际，有些很不合群。那么，什么样的特征或表现属于常态的？什么样的特征或表现属于非常态的？哪些儿童属于普通儿童？哪些儿童是特殊儿童？要回答这些问题就涉及特殊儿童的界定问题。

一、特殊儿童的缺陷补偿

　　儿童在发展过程中，会因遗传、生理等因素而导致一些障碍。障碍的类型多种多样。按照我国残疾人的分类，特殊儿童可以分为以下几类：听力障碍、视觉障碍、肢体障碍、语言障碍、智力障碍、精神障碍和多重障碍。对特殊儿童采取适当的教育训练和早期干预，可以使特殊儿童的障碍程度得到相应好转或减轻，提高其能力。这可以称为缺陷补偿。

（一）什么是缺陷补偿

1. 什么是缺陷

缺陷就是指欠缺或不够完善。《中华人民共和国残疾人保障法》中的残疾人是指在心理、生理、人体结构上，某种组织、功能丧失或者不正常，全部或者部分丧失以正常方式从事某种活动的能力。

2. 什么是补偿

补偿是指抵消(损失、消耗)；补足(缺欠、差额)。补偿有两个含义：一是对损害或损失进行填补；二是对缺欠、差额进行补助。朱智贤在《心理学大词典》中指出：补偿即以成功的行动替换原先失败的行动，或对原来行动的不足之处加以补充，使之完美。更确切地说，补偿即指个人由于生理上的伤残或其他某方面的不幸给精神上造成很大的痛苦，感觉到低人一等，从而奋发图强，发挥个人其他方面的优势，使一定能力的缺陷由其他高度发展的能力所弥补。[①]

因此，"补偿"可以理解为：在机体失去某种器官或某种机能受到损害时的一种适应，是一种与正常发展过程不全相同的有特殊性的发展过程。

缺陷补偿通过各种途径替代、改善或恢复儿童受损伤器官和组织的功能，从而使内部受损伤机体产生功能代偿现象；外部适当的特殊教育和教学使儿童获得功能训练和心理康复，使机体被损害的机能可以不同程度地恢复、弥补、改善或替代。现代科学辅助技术可以使残疾人的功能缺陷得以补偿，如重听儿童配戴助听器可恢复正常听力，助视器、超声导向器等器械能帮助盲人行走、定向。

对于特殊教育而言，对儿童缺陷的补偿教育一直是特殊教育所追逐的目标，也是特殊教育发展的重要动力。

（二）缺陷补偿的方式

1. 通过感知觉器官代偿方式补偿

比如，视力障碍儿童的视觉通道信息堵塞或不太畅通。教师可以利用适当的教学内容，通过听觉、触觉、嗅觉、运动觉等的感官体验代偿作用，或用听觉器官直接代

---

① 朱智贤：《心理学大词典》，38 页，北京，北京师范大学出版社，1989。

偿感知，或将信息转换成听觉信息进行感知。

2. 通过多领域活动补偿

教师可以通过社会的、科学的、艺术的、体育的、生活的等多个领域活动，帮助特殊儿童发展其特长，补偿其缺陷。体育活动对于肢体功能的脑瘫儿童而言，能矫正其肢体的畸形，恢复其肢体功能，提高其自信心。音乐活动可以帮助对音乐感兴趣的智障儿童，发展其音乐技能。社交礼仪训练可以帮助社交能力欠缺的孤独症儿童融入社会环境，以弥补其社交不足缺陷。

3. 通过形式多样的特殊教育补偿

特殊儿童的缺陷补偿需要以多种多样的特殊教育方式进行。特殊教育的目的在于给予特殊儿童特殊的或一般的教育训练，以帮助特殊儿童在原有的基础上获得发展。特殊教育需要将特殊儿童的一般发展与矫正补偿、潜能开发结合起来。

4. 通过科技辅具补偿

现代科技发展为残疾人的功能补偿提供了可能性。科技辅具是用科技的方法、科技设备或产品系统，帮助残疾人替代或重建其能力和身体机能，改善其生活品质。常见的辅助器具有人工耳蜗、助听器、眼镜、义肢、沟通板、拐杖、轮椅等。

二、特殊儿童的潜能开发及原则

（一）潜能与特殊儿童的潜能开发

1. 什么是潜能

人类大脑有用进废退的工作原理和神经可塑性。用进废退是指大脑越用越聪明；神经可塑性是指每当个体学到一个新知识和技能时，会改变个体自己的大脑。每一个儿童都具有发展的无限可能，具有发展的潜能。而特殊儿童与普通儿童一样也具备发展的潜在能力。

潜能是个体发展过程中潜在的动力。根据人本心理学家马斯洛的需要层次理论，在现实社会中能够实现自己的潜能、达到自我实现境界的人很少。每一个人都具有大量的可以利用的潜能。

美国心理学家加德纳认为人的各种智能的有机结合构成了人的智力和能力。教育中可以利用儿童的多元智能进行教学，促进儿童发挥长处和潜在能力，弥补不足。

2. 特殊儿童的潜能开发

《特殊教育教师专业标准(试行)》明确要求特殊教育教师尊重学生权益，以学生为主体，充分调动和发挥学生的主动性，最大限度地开发学生的潜能。

潜能开发指通过教育训练或其他方式发展特殊儿童的优势和潜能，找到能弥补或代替其缺陷的其他优势智能，进一步开发和培养其优势能力的过程。

特殊儿童是一个特殊的群体。虽然视障儿童无法通过眼睛看到缤纷多彩的世界，听障儿童不能通过耳朵听到世界上传达信息的美妙声音，智障儿童迟钝不伶俐……但是他们都是成长发展中的儿童，恰当的、适宜的教育与训练在一定程度上可以补偿他们的缺陷，发展他们的潜能。

在特殊教育的发展史上，人们最初关注的是缺陷补偿，关注克服特殊儿童的障碍或缺陷，着眼于特殊儿童不能干什么。进入 21 世纪以后，特殊教育的发展更加关注优势智能的潜能开发，关注特殊儿童能做什么，关注其长处和能够发展好的强项。

（二）特殊儿童潜能开发的原则

潜能开发要注意全面性。每一个特殊儿童都有潜能发展的可能性，因此意味着对所有的特殊儿童都可以通过教育训练或其他方式促进其潜能发展。

潜能开发过程中要注意个体化差异。特殊儿童个体自身的潜能有多种多样的发展倾向，不能预先设定既定目标。教师需要对特殊儿童进行适当的评估，根据他们个体的差异设定最近发展区目标，发展其优势能力。

在潜能开发与缺陷补偿二者关系上，要坚持潜能优先的原则。即教师在看待特殊儿童时，首先需要看到特殊儿童的潜能，而不是其缺陷或不足。同时，潜能开发与缺陷补偿不是对立的关系，而是相辅相成、相互影响、相互促进的。缺陷补偿是基础，潜能开发是帮助残疾儿童发展其优势能力，甚至是超出常人的天赋。

同步考核 ⋯⋯▶

一、判断题

1. 狭义的特殊儿童专指残疾儿童，又称"缺陷儿童""障碍儿童"，即身心发展上有各种缺陷的儿童。这些缺陷包括智力障碍、听力障碍、视力障碍、肢体障碍、言语障碍、精神和行为障碍、多重障碍等。（　　）

2. 广义的特殊儿童指的是残疾儿童，他们需要的教育就是特殊教育。（　　）

3. 对特殊儿童采取适当的教育训练和早期干预，可以使特殊儿童的障碍程度得到相应好转或减轻，提高其能力。（　　）

二、选择题

1. 通过各种途径替代、改善或恢复儿童受损伤器官和组织的功能称为（　　）。

A. 缺陷补偿　　　　B. 康复训练　　　　C. 特殊教育　　　　D. 早期干预

2. 缺陷补偿可以通过以下哪几种方式开展？（　　）

A. 感知觉器官代偿方式　　　　　　B. 多领域活动

C. 形式多样的特殊教育　　　　　　D. 科技辅具

3. 多元智能理论是由美国心理学家（　　）提出的。

A. 罗森塔尔　　　　B. 华生　　　　C. 加德纳　　　　D. 斯金纳

三、填空题

1. 常见的辅助器具包括_____、_____、_____、_____。

2. _____是指个体发展过程中潜在的动力。

3. _____是指通过教育训练或其他方式发展特殊儿童的优势和潜能，找到能弥补或代替其缺陷的其他优势智能，进一步开发和培养其优势能力的过程。

思考与实践 ⋯⋯▶

1. 特殊儿童潜能开发的原则有哪些？

2. 党的二十大提出强化学前教育、特殊教育普惠发展，这个提法对于我国特殊儿童有何意义？

项目五　特殊儿童权利

篇前语

　　儿童是人类的未来，特殊儿童具有儿童的共同性和特殊性。特殊儿童权利能否得到保障，是衡量一个国家社会是否高度发展的重要指标之一。《中华人民共和国残疾人教育条例》从残疾人教育的入学安排、教学规范、教师队伍建设等方面完善了相关制度。我国特殊儿童受教育的权利得到了充分保障，进一步彰显了社会主义制度的优越性。

项目思维导图

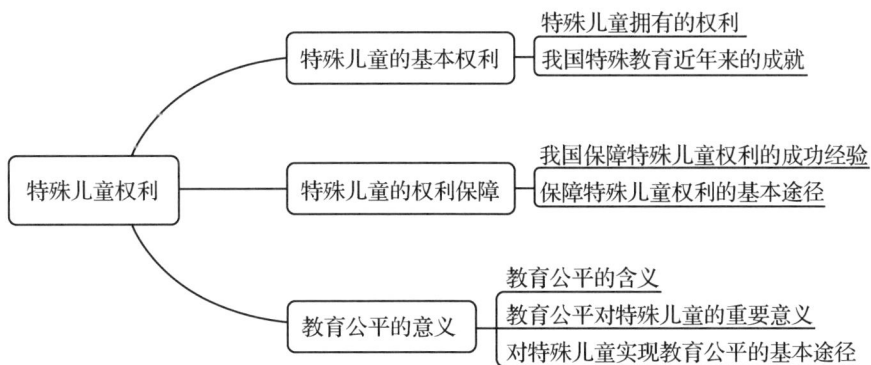

- 特殊儿童权利
  - 特殊儿童的基本权利
    - 特殊儿童拥有的权利
    - 我国特殊教育近年来的成就
  - 特殊儿童的权利保障
    - 我国保障特殊儿童权利的成功经验
    - 保障特殊儿童权利的基本途径
  - 教育公平的意义
    - 教育公平的含义
    - 教育公平对特殊儿童的重要意义
    - 对特殊儿童实现教育公平的基本途径

知识目标

1. 了解特殊儿童权利的定义。

2. 了解我国在保障特殊儿童权利方面的做法。

3. 理解教育公平的意义。

4. 了解我国在保障特殊儿童权利方面取得的成就。

能力目标

1. 掌握实现特殊儿童权利的方法、途径。

2. 能辨析教育公平的基本内容。

素养目标

1. 具有较强的从事特殊教育工作的职业观念。

2. 有保障特殊儿童接受教育公平的指导能力。

3. 能根据新情况创造性地解决保障特殊儿童权利的问题。

课前预习

想一想：1. 特殊儿童的权利有哪些？

2. 如何保障特殊儿童的权利？

3. 教育公平对特殊儿童的重大意义是什么？

练一练：如果有一个学习障碍的学生因扰乱课堂正常的教学秩序被学校劝退，你应该如何帮助他？

▶任务一
特殊儿童的基本权利

🔖 | 任务情境 |

一名孤独症儿童被逼转学

2012 年 9 月，19 名家长联名写信，要求在某小学就读的孤独症学生李孟（化名）转学。事情的缘由是 15 岁的李孟是一名孤独症儿童。该小学于 2012 年 5 月同意其"试读"2 个月，但是由于其无法控制自己的行为，时有干扰课堂正常秩序的情况发生，故而引发了班级其他学生的不满。此事也引发了社会各界对特殊儿童教育问题的广泛关注。

一、特殊儿童拥有的权利

特殊儿童首先是儿童，其次才是特殊教育需要儿童，具备儿童的共性与特殊性。由于他们具备多样化特征及需求，因此他们在生活、教育、医疗等方面融入社会更难。我国历来重视保护特殊儿童应享有的权利。根据《联合国人权宣言》《儿童权利公约》《中华人民共和国宪法》《中华人民共和国未成年人保护法》《中华人民共和国残疾人保障法》等法律法规中涉及儿童权利的有关规定，特殊儿童拥有的基本权利包括：一是人权，其中有生存权、自由权、平等权、社会参与权等人的基本权利；二是儿童的特殊权利，其中有身心健康权、被抚养权、受教育权、优先受助权等；三是残疾人的特殊权利，其中有医疗救助权、基本康复服务权、受特殊教育权、无障碍出行权、文体娱乐权等。[1]

---

[1] 张睿：《我国残疾儿童权利研究的演进历程及未来趋势——基于 CiteSpace 的可视化分析》，载《少年儿童研究》，2020(8)。

小康社会目标实现的重要标志之一就是和谐社会，一个和谐社会的重要标志就是每一个公民的权利都得到充分实现。那么，如果作为公民之一的特殊儿童的权利难以实现，和谐社会也就无从谈起。因此，只有平等地保障特殊儿童的各项权利才能构建社会主义和谐社会，促进社会更全面发展。

二、我国特殊教育近年来的成就

特殊儿童的权利保障体现在我国特殊教育事业的发展成果上。目前我国保护儿童、保护未成年人的工作成绩举世瞩目。

为了保障特殊儿童入学和特殊儿童的受教育权，我国在 20 世纪 80 年代采取随班就读的形式，使得残疾程度较轻的儿童到普通学校就读。随着对特殊教育的重视，我国制定了残疾人教育条例、义务教育法、残疾人保障法等法律法规，从法律层面确立了随班就读的教育形式。自 1987 年开始，各地均开始统计随班就读的在校特殊学生人数。2020 年，随班就读在校生 43.58 万人，是 1987 年的 68 倍左右。《2022 年全国教育事业发展统计公报》显示，招收各种形式的特殊教育学生 14.63 万人，在校生 91.85 万人。以上数据均有力说明，我国越来越多的特殊儿童的受教育权利得到保障，更多的重度残疾儿童也能就近就便享有送教上门服务。

在此时期，培智学校及辅读班、综合类特殊学校相继建立并得到快速发展。特殊教育在重点发展残疾人接受九年义务教育工作的基础上，积极向学前教育、职业教育及高等教育阶段拓展。

现阶段损害儿童权利的违法事件呈逐年下降的趋势，但是对于在教育方面有特殊需求的儿童，父母、教师、学校、社会都需要积极思考应对解决策略。我们可以通过家校合作等方式来更全面深入地了解儿童的学习能力，从而更可持续地促进儿童的发展。

同步考核 ·····▶

一、判断题

1. 生存权、自由权、平等权、社会参与权等是人的基本权利。（　　　）

2. 截至 2019 年，特殊教育学校的数量和当地高校数相当。（   ）

3. 特殊儿童都是残疾儿童。（   ）

二、选择题

1. 特殊儿童的基本权利是（   ）

A. 人权　　　　　　　　　　　　B. 儿童的特殊权利

C. 残疾人的特殊权利　　　　　　D. 娱乐权

2. 随班就读是 20 世纪（   ）年代在我国试行的。

A. 60 年代　　　B. 70 年代　　　C. 80 年代　　　D. 90 年代

3. 特殊教育在重点发展义务教育阶段的工作后，积极向（   ）阶段拓展。

A. 大学教育　　　B. 职业教育　　　C. 学前教育　　　D. 高等教育

三、填空题

1. 我国制定了＿＿＿＿＿、义务教育法、残疾人保障法等法律法规，从法律层面确立了随班就读的教育形式。

2. 改革开放以来，培智学校及辅读班、＿＿＿＿＿相继建立并得到快速发展。

3. 我们可以通过＿＿＿＿＿等方式来更全面深入地了解儿童的学习能力。

拓展阅读

萌萌（化名）是个脑瘫患者，行动不便。但萌萌家所在城市的许多公共场所都为残疾人设置了无障碍设施。在爸爸妈妈的带领下，无论是乘地铁，还是逛庙会，甚至是去游乐场，萌萌都和其他孩子一样享受着游玩的快乐。然而萌萌的父母一想到孩子上学，就开始发愁了。萌萌今年即将完成义务教育。可是，许多公办的培智学校没有职业教育，少数有职业教育的培智学校每年招生的名额又很少。学校一般只收轻度智障的孩子，中、重度智障的孩子只能回家。

思考：中、重度智障的儿童应如何接受高中以上教育。

为特殊群体释放出公共政策的善意

保障处境不利群体，是政府的职责所在，亦是民生之本切实的体现。

教育发展成果应更多更公平惠及全体人民，以教育公平促进社会公平正义，让教育公平的阳光洒到每个孩子的身上。

2020 年 7 月，福建莆田第十八中学考点出现暖心一幕：残疾考生小蔡坐着轮椅，在考点工作人员和志愿者的帮助下，由绿色通道进入考场。小蔡患有小儿麻痹症，仅靠左手艰难书写，学校为她启用备用考场，同时延长单科总时长 30% 的考试时间。如小蔡一样，福建省共为 264 名残疾、受伤等特殊考生平等参加中考提供合理、便利及人性化服务，确保温馨中考。

随班就读是残疾儿童少年接受义务教育的重要途径之一。党的十八届三中全会以来，特殊教育相关政策在保持内在一致性的基础上，体现了递进式设计。从 2014 年的《特殊教育提升计划(2014—2016 年)》，到 2017 年《第二期特殊教育提升计划(2017—2020 年)》，再到 2020 年《教育部关于加强残疾儿童少年义务教育阶段随班就读工作的指导意见》的发布，无不体现让残疾儿童接受公平而有质量的教育的政策善意。

▶任务二

特殊儿童的权利保障

| 任务情境 |

不送适龄孩子入学

2019 年 6 月 4 日下午，某县人民法院依法公开审理了某中学七年级学生陈某辍学案。履行义务教育职责管理的某镇人民政府对陈某的监护人提起诉讼，被告人当庭保证于 6 月 17 日送孩子回学校接受义务教育，原告与被告达成调解协议。这是一个在全面推行义务教育控辍保学"官告民"机制下，依法保障儿童受教育权的典型事例，真正起到一个案件影响一面、带动一片的作用。

一、我国保障特殊儿童权利的成功经验

保护儿童权利的工作由来已久，全世界范围内最为著名的公信度最高的约定文件是联合国大会于 1989 通过的《儿童权利公约》。这一公约得到世界上绝大多数国家的认可和执行，是全世界儿童包括特殊儿童的权利被广泛尊重的标志性文献。我国是第 105 个签署《儿童权利公约》的国家。我国不断推动保障儿童权利工作的落实，对特殊儿童的权利保障工作也取得了瞩目的成就。

（一）保护特殊儿童基本权利的法律保障体系初步成型

法律是国家意志，是教育教学遵循的最有力的依据。让所有特殊儿童均能共享社会发展成果，满足其多方面需要，不断构建和完善法律体系是我国特殊儿童保护事业的鲜明特点。1991 年，我国第一部保护残疾人的专门立法《中华人民共和国残疾人保障法》开始施行。该法是为了维护残疾人的合法权益，发展残疾人事业，保障残疾人平等地充分参与社会生活，共享社会物质文化成果，根据宪法而制定的，是维护残疾人合法权益的有力武器。

《中华人民共和国未成年人保护法》《中华人民共和国母婴保健法》《中华人民共和国预防未成年人犯罪法》等一系列法律相继出台。以上法律经过多次修订越发适应时代的变化发展，使我国特殊儿童权利保护事业有法可依、有法必依，并真正走上了国际化轨道。

我国目前已基本构建了保护特殊儿童权利的法律体系。社会各界通过共同努力，积极宣传普法，让全社会更多地了解特殊儿童，不断增强对特殊儿童保护的意识。

（二）推行有利于特殊儿童优先发展的国家保障战略

特殊儿童权利保护是事关国家和谐发展的大计，应从公共责任角度予以宏观布局和管理。我国发挥社会主义制度的优越性，从"科教文卫"多维度展开，不断推进有利于特殊儿童发展的国家保障战略，这成为我国特殊儿童权利保护的显著特征。"十三五"以来，我国进一步重视特殊儿童权利保障，多个政策文件密集出台。其中，《国务院关于全面建立困难残疾人生活补贴和重度残疾人护理补贴制度的意见》是国务院常务会议于 2015 年 9 月研究通过的文件，是 2016 年 1 月 1 日起全面实施的困难残疾人生活补贴和重度残疾人护理补贴制度。《特殊教育提升计划（2014—2016 年）》和《第二期特殊教育提升计划（2017—2020 年）》等将特殊儿童权利保护作为教育均衡发展的大事来抓，从教育、文化艺术及医疗卫生等方面系统地支持特殊儿童发展。

结合国际、国内新形势，我国在特殊儿童保护方面所做的工作成效斐然。特殊儿童的生存权、受教育权、参与权等均得到了有力保障。

（三）落实重在精准改善特殊儿童境遇的保障行动

对特殊儿童权利的保障，国家多部委多次联合发文推动特殊儿童权利保障，并且确保精准有效。财政、人社、教育和社会工作多管齐下，推动特殊儿童福利保障高质量发展，成为我国特殊儿童权利保护事业发展的亮点。另外，国家对特殊儿童事业的财政性投入逐年增长。2016 年以来，我国各地已普遍将义务教育阶段特殊教育学校生均公用经费标准提高至 6000 元以上，基本保障了特殊教育学校的日常运转。北京市规定特殊教育学校生均公用经费拨款标准为 12000 元，广东省为小学 9200 元、初中 15600 元，上海市为 7800 元，福建省一级的学校 2017 年达到 7600 元。除义务教育阶段外，多地还对非义务教育阶段生均公用经费提出了要求。比如，新疆维吾尔自治区规定特殊职业教育学生的生均公用经费在义务教育阶段标准的基础上提高 50％。青岛市规定各区（市）按照当地普通初中 10 倍的生均公用经费标准，即 11000 元的标准对接收残疾幼儿的幼儿园予以补助。国家在文化教育、医疗卫生等方面均增加了财政投入，为有效贯彻各项政策规划夯实了基础。

二、保障特殊儿童权利的基本途径

（一）加强顶层设计

在我国的管理体制下，特殊儿童的权利保护改革需在国家政策的主导下自上而下推进。教育部门要统一规划，加强领导，主动谋篇布局。

（二）巩固现有成果

国家对接受义务教育的残疾学生免收学费，并根据实际情况减免杂费。国家设立助学金，帮助困难残疾学生就学。残疾人教育实行普及与提高相结合、以普及为重点的方针，着重发展义务教育和职业技术教育，积极开展学前教育，逐步发展高中以上教育。巩固现有支持成果，再围绕新情况进一步加大投入。

（三）加大政府部门间的联动

由于特殊儿童身心障碍的特点，教育、财政、人社、卫健、妇联等多个部门联动，从医疗救治、入园入托入学、就业等各个环节积极介入，以有效保障特殊儿童的权利。

（四）多种教育形式保障受教育权

特殊儿童基本的权利就是受教育权。教育部指导各地通过特殊教育学校就读、普通学校就读、送教上门及远程教育等多种方式，落实"一人一案"，精准做好教育安置，使适龄残疾儿童少年义务教育入学率稳步提高。

同步考核 ……▶

一、判断题

1. 全世界范围内最为著名的公信度最高的约定文件是《儿童权利公约》。（   ）

2. 我国是第 105 个签署《儿童权利公约》的国家。（   ）

3. 2016 年以来，我国各地已普遍将义务教育阶段特殊教育学校生均公用经费标准提高至 8000 元以上。（   ）

二、单选题

1.《中华人民共和国未成年人保护法》是 1991 年首次颁布，(　　　)第二次修订。

A. 2020 年　　　　　B. 1999 年　　　　　C. 2002 年代　　　　　D. 2018 年

2. 2016 年以来，我国各地已普遍将义务教育阶段特殊教育学校生均公用经费标准提高至(　　)元以上，基本保障了特殊教育学校的日常运转。

A. 5000　　　　　　B. 6000　　　　　　C. 7000　　　　　　D. 8000

3. 特殊儿童的权利保护需在国家政策的主导下(　　)推进改革。

A. 自下而上　　　　B. 上下联动　　　　C. 自上而下　　　　D. 优先

三、填空题

1. 1991 年，我国第一部保护残疾人的专门立法＿＿＿＿＿＿开始施行。

2. 我国发挥社会主义制度的优越性，从＿＿＿＿＿多维度展开，不断推进有利于特殊儿童发展的国家保障战略。

3. 教育部指导各地通过特殊教育学校就读、普通学校就读、送教上门及远程教育等多种方式，落实＿＿＿＿＿。

▶任务三
教育公平的意义

> ✎ | 任务情境 |
>
> **妈妈，我要回去！**
>
> 某小学门口，一位年轻的母亲带着自己儿子从校内缓慢步行而出。儿子体型微胖，有着典型唐氏综合征儿童的面貌外形。他无法融入正常教学，学习成绩不理想，经过学校教师反复劝说，母亲今天来是办理退学手续的。儿子跟着母亲往校门外走，临到门口时突然对母亲说："妈妈，我要回去"。
>
> **任务**：学校的做法对吗？如果你是母亲，你会怎么做？

教育公平的观念在人类发展历史中源远流长。不论是东方还是西方的思想家，他们均从不同角度、不同价值观中提出教育公平的思想。我国教育家孔子就曾提出"有教无类"的朴素教育民主思想。可见，教育公平是社会公平直观的体现，能反映一个国家和谐发展的程度。要不断促进教育发展成果更多更公平惠及全体人民，以教育公平促进社会公平正义的实现。

一、教育公平的含义

教育公平是指每个社会成员在享有公共教育资源时受到公正和平等的对待。其主要包括三个方面：起点公平，即尊重和保护每个社会成员的受教育权利；过程公平，贯穿于整个教育过程，旨在让每个受教育者都有机会获得合适且恰当的教育；结果公平，体现在个人发展的公平上，旨在让受教育者人人学有所得、学有所用。[①]

各国根据联合国残疾人十年(1983—1992年)取得的经验拟订了《残疾人机会均等标准规则》。本规则的宗旨是确保残疾男女和儿童，作为所在社会的公民，可行使与其他人同样的权利与义务。残疾人机会均等是对世界各国致力于调动人力资源的一个重要贡献。

教育是每个公民最关注的基础民生，是每个人应享有的权利。就教育本身而言，教育的公平体现在以下几个方面。

第一，在法律制度层面实现公平。自改革开放以来，我国于1986年颁布《中华人民共和国义务教育法》后，又陆续出台了《中华人民共和国未成年人保护法》《中华人民共和国教育法》等多部法律，从不同角度保障我国公民都享有平等的受教育的机会。

第二，在教育体系上实现公平。我国幅员辽阔，地区间的教育情况存在差异。随着教育改革的不断深化，学前教育、义务教育、高中阶段教育、高等教育全体系教育质量不断得到提升。另外，特殊教育、职业教育、民办教育做了较好的补充。

第三，在教育结果上实现公平。教育结果的公平往往依赖于教育过程，但是对于个人来说，教育本身是动态变化的过程。为了实现人民群众对美好生活向往的心愿，

---

① 郭喜永、迟长伍：《教育公平内涵及相关问题研究综述》，载《现代教育科学》，2008(10)。

对于教育结果的衡量越发尊重个人差异，越来越明确因材施教、促进个人全面发展的教育目标。教育结果的多样化也激发社会人才的创新活力，在教育结果的不同维度上实现教育公平。

二、教育公平对特殊儿童的重要意义

特殊儿童接受教育，保障其教育权是时代进步的体现，是社会高度发达、国家繁荣昌盛的表征，是实现教育公平的必要组成部分，具有十分重要的意义。第一，持续提高特殊教育办学质量，才能最终实现教育公平，体现社会和谐和高度文明。第二，特殊教育的对象是人群中的处境不利群体，他们作为社会成员理应享有公共教育资源。若没有特殊教育，教育公平根本无从谈起。第三，教育体系的完整、合理发展有赖于特殊教育的发展，特殊教育的发展事关教育事业的整体发展。

从全社会的角度来看，教育公平主要体现为实施教育活动时教育起点、过程和结果的公平。特殊儿童能与普通儿童一样在适龄阶段接受与之相应的学前教育和义务教育；在实施教育的过程中，特殊儿童能充分享有各类教育资源和与之匹配的个别化教育；在教育结果体现时，特殊儿童能在接受教育后潜能得到充分挖掘，实现个人价值。教育公平的思想贯穿于以上三个阶段，不断推动实现教育公平。

根据第二次全国残疾人抽样调查数据推算，我国目前各类残疾人有 8296 万名，占全国人口总数的 6.34%。随着中央财政大幅提高特殊教育投入，着力扩大特殊教育资源，落实"一人一案"教育安置政策，让残疾儿童在同一片蓝天下共同成长。我们通过这样一组数字可以窥见特殊教育的跨越式发展。调查结果显示，2020 年残疾儿童少年义务教育入学率达 95%，残疾人接受学前教育、以职业教育为主的高中阶段教育和高等教育的机会不断扩大。随着特殊教育两期提升计划的实施，我国特殊教育得到飞速发展，为进一步实现教育公平打下了良好的基础。

三、对特殊儿童实现教育公平的基本途径

我国的特殊教育虽然已得到长足的发展，但是仍存在发展不均衡的问题。一方面

受地区经济发展和教育理念相对落后的制约，中西部地区明显落后东部发达地区。不均衡现象较突出的方面为特殊儿童的个别化教育实施、随班就读和送教上门师资的配备、资源中心建设与使用、特殊教育课程和教学资源建设未有统筹等。另一方面是国家层面所倡导的政策在各地落实有差距，执行力度不一，导致特殊教育发展质量参差不齐。为了更好地实现特殊教育，可以从以下途径着手。

第一，不断完善特殊教育的相关法律法规，提高立法理念。不断健全特殊教育法律的体制机制。从教育经费投入、教师队伍建设、对特殊学生的政策补贴、兜底帮扶等各方面加强顶层设计。

第二，不断缩小地域差距。从国家层面完善教育投入的均衡，不断帮扶中西部落后地区，使东部沿海发达地区加强对欠发达地区的经验传授，二者互帮互助，利益共享，共同促进我国特殊教育事业发展。

第三，加强对特殊教育教师的培养。提倡师范类学校都开设特殊教育专业，加强学生的专业技能学习，提高特殊教育教师的教学水平，及时补上特殊教育教师欠缺的漏洞。另外，也可尝试在师范生人才培养计划中纳入特殊教育基本课程，使师范生具备一定的特殊教育素养。

第四，根据不同的障碍类别对特殊学生实施教育。对于障碍程度较轻的学生，使他们就近就便在普通学校随班就读，充分利用资源教室或巡回指导帮助他们接受个性化学习。对于障碍程度在中、重度以上的学生，尽量在辖区内的特殊教育学校接受教育。对于障碍程度特别重的学生就采取送教上门的形式，定期对学生开展文化知识、身心康复的教育。个性化的教育安置才能更好地满足特殊学生对学习的需求，从而更有效地促使他们融入社会。

第五，深化家校合作。深入家庭摸清情况，有针对性地按照"一家一案"的方式，联合家长一起对特殊学生进行教学，消除特殊学生家长的不良心理，让家长参与其中，让特殊学生感受良好氛围，更有利于教学。同时，帮助特殊学生争取更多的政策补助，减轻特殊家庭的生活负担，让更多的特殊学生接受教育。

同步考核 ·····▶

一、判断题

1. 教育公平是从西方引入中国的理念。(   )

2. 我国是 1986 年出台《中华人民共和国义务教育法》的。(   )

3. 目前，我国是十二年制义务教育。(   )

二、单选题

1. 教育公平体现在法律制度、教育体系和(   )三个方面。

A. 教育投入   B. 教师   C. 学生   D. 教育结果

2. 实施教育活动的公平包括(   )、过程和结果的公平。

A. 教学预习   B. 教育起点   C. 教育复习   D. 家长访谈

3. 我国的教育家孔子就曾提出"(   )"的朴素教育民主思想。

A. 因材施教   B. 分层教育

C. 有教无类   D. 因人而异

三、填空题

1. 教育公平中起点公平，即尊重和保护_____的受教育权利。

2. 在教育结果体现时，特殊儿童能在接受教育后_____得到充分挖掘，实现个人价值。

3. _____教育安置才能更好地满足特殊学生对学习的需求，从而更有效地促使他们融入社会。

📖 | 拓展阅读 |

小勤又有了新难题

小勤的学籍从河北省石家庄市转回了江西省永丰县。这个 13 岁的小男孩，带着一个书包和一袋衣服——他在石家庄的全部家当，被"保姆"送回了老家严辉村。

年过六旬的父亲仍然用他的一条腿支撑着这个家。转学籍的当天，他到永丰县残联给儿子小勤和小勇申请了残疾证。医院鉴定小勤先天性智力缺陷致与人交流能力差，属智力残疾二级；小勇则被鉴定为智力残疾三级。县残联的工作人员介绍称，二级残疾属重度残疾，每月可以领取 70 元的生活补贴，并且可以申请就读特殊教育学校。

但小勤没有去特殊教育学校。他被送入当地的乡村小学随班就读。永丰县教体局教育股股长宋帧告诉记者，他们是根据家长的意愿做出安排的。因为去特殊教育学校，家长接送不便。

思考：针对小勤应该如何实现教育公平？

思考与实践 ·····▶

1. 简述特殊儿童的基本权利。

2. 教育公平是什么？

项目六　特殊儿童的分类鉴定

篇前语

　　人类活动中需要对事物按照其性质、特点进行分类与概括。特殊教育的对象同样需要进行科学分类。对特殊儿童分类是一个国家对特殊教育的范围及目标进行规划的基础。我国主要根据特殊儿童的身心发展特性及规律来进行分类。分类并非一成不变，往往随着社会需求、科学研究、残疾诊断等方面的进步而演变。我国特殊教育的对象范围近些年有所变化。本部分主要讨论以下八类儿童，即视障儿童、听障儿童、肢体障碍儿童、智障儿童、智力超常儿童、孤独症儿童、学习障碍儿童、多重障碍儿童。

　　特殊儿童分类是随着社会发展而变化的，与特定的社会文化条件有紧密的联系。在我国，特殊儿童主要是指残疾儿童。1987年，全国残疾人抽样调查时，将残疾划分为视力残疾、听力语言残疾、智力残疾、肢体残疾、精神残疾五类。1995年修订后划分为六类残疾标准，将听力和语言分开，分别为"听力残疾"和"语言残疾"。

　　2006年全国残疾人抽样调查又增加了多重残疾，共七类。在融合教育的大背景下，学习障碍和情绪行为障碍儿童受到普遍关注，"残疾"的范围进一步扩大。

项目思维导图

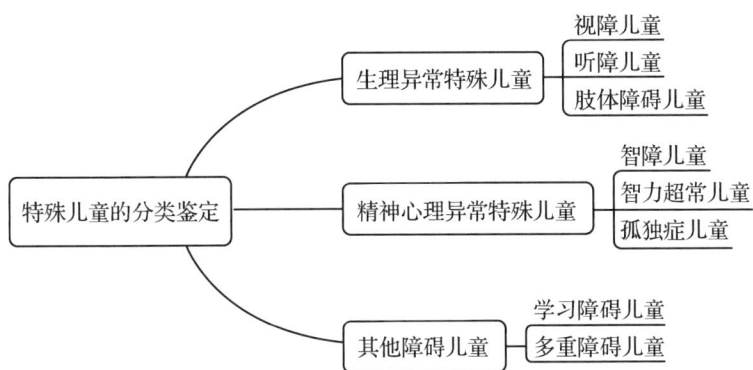

```
                              ┌─ 视障儿童
            ┌─ 生理异常特殊儿童 ─┼─ 听障儿童
            │                  └─ 肢体障碍儿童
            │
            │                  ┌─ 智障儿童
特殊儿童的分类鉴定 ─┼─ 精神心理异常特殊儿童 ─┼─ 智力超常儿童
            │                  └─ 孤独症儿童
            │
            │                  ┌─ 学习障碍儿童
            └─ 其他障碍儿童 ────┴─ 多重障碍儿童
```

学习目标

知识目标

1. 了解我国特殊儿童的分类，能写出我国划分的七个障碍类型。

2. 能够熟悉几类特殊儿童的分级，能准确判断四个级别的基本特征。

能力目标

1. 能够理解各类特殊儿童的心理特征，能根据特殊儿童的心理特征做出分类判断。

2. 能够熟悉几类特殊儿童的分级，能准确判断四个级别的基本特征。

素养目标

能根据特殊儿童的心理特征提出适当的教育策略。

课前预习

《舟舟的世界》描述了智障人舟舟热爱指挥的故事。舟舟因为那部纪录片，戴上了耀眼的王冠。舟舟成了中国残联艺术团的"明星"，受到国内外的追捧。问：他真的是天才音乐家吗？

▶任务一
生理异常特殊儿童

　　本部分讨论了八类特殊儿童，即视障儿童、听障儿童、肢体障碍儿童、智障儿童、智力超常儿童、孤独症儿童、学习障碍儿童、多重障碍儿童，要求了解各类障碍儿童的概念、特点以及教育策略。

一、视障儿童

（一）视障儿童概述

1. 什么是视障儿童

　　视障儿童即视力障碍儿童，又称视力残疾儿童，是指由各种原因导致的双眼不同程度的视力损失或视野缩小，以致影响其日常生活和社会参与。通常有两个指标：一是视力，二是视野。视力是眼睛识别物体的能力。视野是眼睛平视，眼球固定一点所能见到的范围。

　　眼睛主要包括眼球、眼附属器和视觉神经传导系统三个部分。眼球包括眼球壁和眼内容物两个部分。眼球壁包括角膜、巩膜、虹膜、睫状体、脉络膜、视网膜等。眼内容物包括房水、晶状体和玻璃体三部分，与角膜一起构成了眼的屈光系统。眼附属器包括眼睑、结膜、泪器、眼外肌和眼眶。视觉神经传导系统包括视神经、视交叉、视束、外侧膝状体、视放射和枕叶纹状区。视觉系统由眼球、眼附属器、视觉传导通路和大脑枕叶视觉中枢组成。

一般来说，眼睛的任何部位出现严重问题，都可能对视觉功能产生影响，尤其是角膜、房水、晶状体、玻璃体、视网膜这五个部分出现问题，可能会产生更严重的问题。

视觉障碍出现的原因多种多样，先天因素有遗传、孕期因素，后天因素有眼疾、眼外伤、疾病等。视觉障碍的出现率占残疾人总数的14.86%。

2.视障儿童的分类

根据2006年我国残疾人抽样调查的标准，视觉障碍可以分为盲和低视力，共有四级，如表6-1所示。

表6-1　我国视觉障碍分类表

分类	级别	最佳矫正视力(矫正后达到的最好视力)
盲	一级	无光感～<0.02；或视野半径<5°
	二级	0.02～<0.05；或视野半径<10°
低视力	三级	0.05～<0.1
	四级	0.1～0.3

儿童视力是否正常，需经过中心视力和视野的检查。中心视力的检查分为近视力检查和远视力检查。近视力检查主要是检查两眼受调节作用下的视力敏度。远视力检查又分为视力表检查及实物检查两种。

（二）视障儿童的特点

由于眼睛是人的信息通道较为最重要的部分，因此视障儿童在身心方面有自身的特点，见表6-2。

表 6-2　视障儿童的特点

知觉的特点	听觉：在学习和生活中，听觉非常灵敏；可以通过听觉进行空间定位和辨别方向，熟悉环境	触觉：发达的触觉也是后天努力的结果；可以通过触觉认识物体的形状、大小、温度、硬度、光滑度、质量等	在形状知觉、空间知觉以及知觉与动作的统和等方面比普通儿童困难得多
注意的特点	有意注意表现突出	低视力儿童往往过分依赖于残余视力，导致来自其他感觉通道的信息丢失，导致有意注意较差	
记忆的特点	在获取信息方面往往不全面、不完整；视觉经验匮乏，视觉表象难以形成	视障儿童有较强的听觉记忆，工作记忆明显落后于视力正常的儿童	随年级的升高，差异逐渐减少，并趋于消失
学习能力	视力障碍并不明显地影响智力；视障儿童并不一定比普通儿童的智力低	视障儿童在概念形成方面往往存在较大困难	
语言和思维特点	使用的词汇缺乏感性的基础，缺少视觉形象，常出现词与视觉形象相互脱节的现象	较难理解诸如交通工具的词汇、象征词汇等；在概念形成方面往往存在较大的困难	

（三）视障儿童的教育

现代科技的发展为视障儿童提供了巨大的帮助，主要有布莱尔盲文凸字印刷机、闭路电视、点字触摸显示器等几种科技辅具。

这些科技辅具极大地帮助了视障儿童更好地学习和生活，对教师的教学也起到重要的辅助作用。视障儿童教育应特别关注以下几个方面。

1. 加强视障儿童生活自理能力的训练

普通儿童都是通过观察、模仿来学会简单的日常活动的。但是，对完全丧失视力的视障儿童来讲，他们无法观察和模仿别人，其生活自理能力要经过长期艰苦的训练才能形成。视障儿童教育可以通过发展视障儿童听觉、触觉来弥补其视力障碍，增强其活动能力。视障儿童教育要进行辨音训练、辨物训练、定向行走训练，通过及时肯定与鼓励来增加视障儿童从事活动的信心。

2. 使用具体形象、多感官相结合的方式进行教学

对于视障儿童，视觉通道受阻，他们主要借助于其他感官如触觉、听觉来感知环境。因此，视障儿童需要教师提供有针对性的支持，使用多感官相结合的方式来学习。

3. 注重语言指导，关注视障儿童的差异性

对于视障儿童，教师的语言指导非常重要。他们对外界事物的了解主要依靠教师的言语之道，因此教师的语言指导能力会影响视障儿童的学习。另外，教师也要关注视障儿童的身心发展特点，教育过程中需要了解其心理特征及需求，有针对性地进行教育，提高其自信心。

二、听障儿童

（一）听障儿童概述

1. 什么是听障儿童

听障儿童又称听觉障碍儿童或听力残疾儿童，是指由各种原因导致双耳听力丧失或听觉障碍，听不到或听不清周围环境声以及言语声，以致影响日常生活和社会参与。[①] 有些儿童听不到而不会说话，成为哑。实际上其语言器官良好，哑是聋所导致的，经过语言康复训练后能够开口说话和交流。

听力是指人耳对声音的感知能力，是先天的，依赖于正常的听觉器官。听觉能力是指人有意识地听取声音信号，对接收到的声音进行综合分析、理解记忆的能力，是通过后天学习获得的，依赖于正常的大脑皮层来完成。没有听力就不可能有听觉能力。听力越好，获得的声音信息越多，听觉能力也就发展得越快；听力越差，获得的声音信息就越少，听觉能力的发展也就越受限制。

耳包括外耳、中耳和内耳三部分。外耳包括耳郭、外耳道两部分。耳郭和外耳道的机能是收集声波。鼓膜为椭圆形的薄膜，形如斗笠，尖顶向内，周围固定于骨上，将外耳与中耳分隔。鼓膜能随音波振动而振动、停止而停止，故能如实地把声波刺激传导到中耳。中耳包括鼓膜、鼓室、咽鼓管等。咽鼓管为中耳与鼻咽部的通道，中耳

---

① 朴永馨：《特殊教育辞典》第三版，204～205 页，北京，华夏出版社，2015。

与外界空气压力可通过咽鼓管取得平衡。鼓室内有听小骨、韧带等。听骨有三块，彼此形成关节，位于鼓膜与前庭窗之间。与鼓膜接触的称为锤骨，与内耳前庭窗相连的称为镫骨，连于两骨之间的称为砧骨。当声波振动鼓膜时，三块听小骨的连串运动，使镫骨底在前庭窗上来回摆动，将声波的振动传入内耳。内耳由一系列复杂的管腔所组成，亦称迷路，位于颞骨部内，有骨迷路和膜迷路之分。骨迷路是骨性管道；膜迷路是包含于骨迷路内的膜性管和囊，由上皮和结缔组织构成，与骨迷路的形态基本一致。膜迷路是封闭的，管内含有内淋巴。膜迷路与骨迷路之间的间隙内含有外淋巴。内、外淋巴互不交通。内耳迷路可分为耳蜗、前庭器官二部分。耳蜗与听觉有关，前庭器官与位置(平衡觉)有关。

| 拓展阅读 |

人是怎样听见声音的？

听觉的产生：外界声波经过耳郭集中进入外耳道，使鼓膜振动，带动听骨链传导至内耳，再经听神经等传导到大脑听中枢，产生听觉。

这个传导通路中任何一个环节出现异常都会影响声音传导质量而引起听力障碍，又称耳聋。表 6-3 为听觉障碍的分级。

表 6-3　听觉障碍的分级

听力残疾等级	听觉系统的结构和功能方面	较好耳平均听力损失	在无助听设备的帮助下	在参与社会生活方面存在的障碍
一级	超重度损伤	≥91dBHL	不能依靠听觉进行言语交流，在理解和交流等活动中极度受限	极严重障碍
二级	重度损伤	81～90dBHL	在理解和交流等活动中重度受限	严重障碍
三级	中重度损伤	61～80dBHL	在理解和交流等活动中中度受限	中度障碍
四级	中度损伤	41～60dBHL	在理解和交流等活动中轻度受限	轻度障碍

2. 听觉障碍的分类

听觉障碍是根据障碍发生的位置而划分的。一是感音性(感觉神经)听觉障碍,即由内耳到听觉神经异常导致的听觉障碍。二是传导性听觉障碍,即由外耳、中耳异常导致的听觉障碍。三是混合性听觉障碍,即前二者兼而有之。

3. 听觉障碍的出现率及产生原因

根据 2006 年全国残疾人抽样调查,听力障碍儿童约有 86.6 万人,0~14 岁听觉障碍的出现率为 2.8%,占同龄残疾儿童的 10.6%。导致儿童听觉障碍的先天原因是遗传、胎儿期中毒等。后天原因很复杂,有产前、产时、药物、疾病、外伤等因素。

(二)听障儿童的特点

听障儿童与普通儿童相比,在感知、注意、记忆、思维和语言等多个方面都存在一定的差异。

在感知特点方面,听障儿童的感知觉在心理活动中占据优势,视觉敏度优于普通儿童。语言发展迟缓影响其知觉发展,导致听障儿童出现感知事物不全、感知主次不清楚等问题。

在注意特点方面,听障儿童的视觉注意较好,无意注意占优势且受刺激物的物理特征影响。听障儿童有意注意的水平比较低,注意的稳定性不好,但可以在成人的要求和教育的影响下逐渐形成和发展。

在记忆特点方面,听障儿童以形象记忆为主。具体来说,听障儿童以手语记忆为主,无意记忆占优势,有意记忆逐渐发展,形象记忆显著优于词语记忆,记忆效果依赖于记忆任务、活动动机、情绪、多种感官与语言参与。

在思维特点方面,听障儿童思维内容的具体性和形象性比较强。他们依感知特点、生活情景或物体功用分类,以单一的具体关系和部分特征进行类比推理。

在语言特点方面,听障儿童因失去语言习得的正常途径而导致语言发育迟缓,除了学习口语和书面语外还需要额外学习手语。一般来说,听障儿童的词汇量小于同龄普通儿童。他们在口语表达方面存在发音不清、音色不好、音节受限制、语调不准或缺乏语调等问题。表 6-4 为听障儿童的基本特点。

表 6-4　听障儿童的基本特点

感知的特点	感知觉在心理活动中占据优势	视觉敏度优于普通儿童	语言发展迟缓影响知觉发展	不足：感知事物不全；感知主次不清楚；听觉以外的感知觉得到加强（视觉加强）
注意的特点	视觉注意较好	无意注意占优势，受刺激物的物理特征影响	有意注意的水平低	不足：稳定性不好，在成人的要求和教育的影响下逐渐形成和发展
记忆的特点	以形象记忆为主：以手语记忆为主，无意记忆占优势	有意记忆逐渐发展	形象记忆显著优于词语记忆	不足：记忆效果依赖于记忆任务、活动动机、情绪、多种感官与语言参与
思维的特点	思维内容的具体性和形象性	依感知特点、生活情景或物体功用分类	以单一的具体关系和部分特征进行类比推理	不足：以具体形象思维为主
语言的特点	需要学习口语、书面语和手语	失去正常的习得途径，语言发展迟缓	词汇量小于同龄普通儿童；智力发展与语言发展不同步	不足：发音不清；音色不好；音节受限制；语调不准或缺乏语调

（三）听障儿童的教育

社会的发展、科技的进步使听障儿童的辅助技术支持不断加强，如助听器、人工耳蜗、辅助性听力设备、言语文本翻译、互联网等。辅助技术的支持加上越来越丰富的教育训练手段，为听障儿童适应社会创造了良好的条件。

对于听障儿童，其教育策略有如下几种。

1. 关注早期语言教育与康复

由于听障儿童缺乏语言刺激，词汇量小，发音不清，植入人工耳蜗的儿童和配戴助听器的儿童需要受到系统的语言康复训练才能融入社会。

2. 关注听障儿童的差异性

由于听障儿童在学校中有个人的身心发展特点，教师需要了解其个人特点，有针对性地进行教育，提高其自信心。

3. 口语教学与手语教学兼顾

口语教学要进行听觉训练、看花训练、说话训练和笔谈训练。手语教学要教听障儿童学习手语，扩大其词汇量。教学中教师要做到手口一致。

三、肢体障碍儿童

（一）肢体障碍儿童概述

1. 什么是肢体障碍儿童

肢体障碍又称肢体残疾，是指人体运动系统的结构、功能损伤造成的四肢残缺或四肢与躯干麻痹(瘫痪)、畸形等，导致人体运动功能不同程度地丧失，以及活动或参与受到局限。

在日常生活中，肢体障碍的身体异常有明显的外在症状，容易被发现和鉴别。肢体障碍包括：上肢或下肢因外伤、病变或发育异常所致的缺失、畸形或功能障碍；脊椎因外伤、病变或发育异常所致的畸形或功能障碍；中枢神经因外伤、病变或发育异常所致的畸形或功能障碍。

2. 肢体障碍的分级

肢体障碍按障碍程度由重到轻分为一到四级，如表 6-5 所示。

表 6-5　肢体障碍的分级

级别	表征	程度与积分
一级肢体残疾	1. 下肢截瘫，偏瘫 2. 四肢不同部位截肢或先天性缺肢：单全臂和双小腿，双上臂和单大腿，双全臂(或双全腿) 3. 双上肢功能极重障碍，三肢功能重度障碍	完全不能实现日常生活活动，0～2分
二级肢体残疾	1. 偏瘫或双下肢截瘫，残肢仅保留少许功能 2. 双上肢或双大腿截肢或缺肢，三肢在不同部位截肢或缺肢 3. 两肢功能重度障碍，三肢功能中度障碍	基本上不能实现日常生活活动，3～4分
三级肢体残疾	1. 双小腿截肢或缺肢；单肢在前臂、大腿及其上部截肢或缺肢 2. 一肢功能重度障碍，两肢功能中度障碍 3. 双拇指伴有示指(食指)(或中指)缺损	能够部分实现日常生活活动，5～6分

续表

级别	表征	程度与积分
四级肢体残疾	1. 单小腿截肢或缺肢 2. 一肢功能中度障碍，两肢功能轻度障碍 3. 脊椎强直，驼背畸形大于70° 4. 双下肢不等长，差距大于5厘米 5. 单侧拇指伴有示指(食指)(或中指)缺损，单侧保留拇指，其余四指截除或缺损	基本能够实现日常生活活动，7~8分

3. 肢体障碍的出现率及产生原因

根据2006年全国残疾人抽样调查推算，全国8296万残疾人中，肢体残疾2412万人，占残疾人总数的29.07%。

肢体障碍儿童有多种类型，常见的主要有以下几种：脑瘫、脊柱裂、肌肉营养不良、脊柱侧凸、关节炎和截肢。产生的原因多种多样，主要有先天性的遗传因素，也有的是由后天的疾病和外伤造成的。一些脑瘫、脊柱神经损伤的儿童终身需要照料和需要长期的康复，不能恢复其正常功能。

（二）肢体障碍儿童的特点

肢体障碍儿童在感知、注意、记忆、思维等认知过程方面与普通儿童并无明显的区别，只是在个性特征方面存在不同于普通儿童的突出特点。

肢体障碍儿童对外界刺激敏感。由于生理缺陷，他们生活起居不便，需要他人照料，容易遭受挫折，对外界刺激比较敏感。

肢体障碍儿童容易产生自卑感。由于有明显缺陷，他们容易感到处处不如别人，因此会严重地压抑自己的才能和创造力。他们会产生消极情绪，一旦形成消极情绪，就会影响学习、工作和人际交往，缺乏信心。

肢体障碍儿童具有较为顽强的意志力。对于多数肢体障碍儿童来说，残疾并没有把他们吓倒，而是给了他们发挥主观能动性、同残疾进行不屈斗争的条件。因而肢体障碍儿童常常在意志品质方面表现出惊人的毅力，在学习、生活和工作中有着杰出的表现。

（三）肢体障碍儿童的教育

现代社会科学技术的发展给肢体障碍儿童带来较丰富的技术与支持。书写方面有相关援助措施和辅助系统，还有手动夹板、替代性键盘、鼠标以及装载有电脑的轮椅。科技给人带来更多的方便和快捷，使肢体障碍儿童能够享有更美好的生活。

在教育安置方面，轻度肢体障碍的儿童大多在普通学校随班就读，较重肢体障碍的儿童在特殊班就读，中重度肢体障碍的儿童在特殊学校就读，严重肢体障碍以及多重障碍的儿童主要在家学习并接受送教上门服务。肢体障碍儿童的教育主要有以下几方面。

第一，了解肢体障碍儿童的身体情况，了解其病因以及障碍影响其功能的程度，进行有针对性的教学。

第二，帮助肢体障碍儿童形成自我认知。教师通过启发、引导的办法，让肢体障碍儿童认识到自己存在的不正确的认知，引导其形成正确的认知，建立积极的生活态度，矫正不良行为。教师指导肢体障碍儿童不要再执着于自身缺陷，而是引导他们找到优点或代偿点，形成积极主动求助的动机，朝着积极的方向努力。

第三，营造接纳氛围，引导肢体障碍儿童学会心理调适。教师要营造接纳的班级氛围，也帮助肢体残障儿童接纳自我，学会心理调适。自卑感的产生关键在于社会的评价。对于不正确的社会评价，教师要帮助肢体障碍儿童正确看待，不再纠缠于自身缺陷，尽量学会积极评价，看自己的长处。

同步考核 ……▶

一、判断题

1. 视障儿童有较强的听觉记忆，工作记忆明显落后于视力正常的儿童。(　　)

2. 听力障碍是指人由各种原因导致双耳听力丧失或听觉障碍，即听不到或听不清周围环境声以及言语声，以致影响日常生活和社会参与。(　　)

3. 听觉障碍是根据障碍发生的位置而划分的。一是传导性(感觉神经)听觉障碍，即由内耳到听觉神经异常导致的听觉障碍。二是感音性听觉障碍，即由外耳、中耳异常导致的听觉障碍。三是混合性听觉障碍，即前二者兼而有之。(　　)

二、单选题

1. 眼睛的三个组成部分不包括( )。

A. 眼球 B. 眼附属器

C. 眼睑 D. 视觉神经传导系统

2. 耳的三个组成部分不包括( )。

A. 外耳 B. 中耳 C. 内耳 D. 耳郭

3. 2006 年，中国听力残疾分级标准将听觉障碍分为( )级。

A. 三 B. 四 C. 五 D. 六

三、填空题

1. _____是指由各种原因导致的双眼视力不同程度的视力损失或视野缩小，以致影响其日常生活和社会参与。

2. 眼睛的任何部位出现严重问题，都可能对视觉功能产生影响，尤其是_____、_____、_____、_____、_____这五个部分出现问题，可能会产生更严重的影响。

3. 肢体障碍按障碍程度由重到轻分为_____到_____级。

▶任务二

精神心理异常特殊儿童

🔖 | **任务情境** |

精神心理异常特殊儿童分为多种类型。我们该如何去了解他们？如何分类鉴定？如何为他们提供相适应的教育呢？

智障儿童、智力超常儿童、孤独症儿童都属于精神心理异常特殊儿童。本部分要求掌握这些残疾类型的概念及分级标准，了解精神心理异常特殊儿童的特点以及教育策略。

一、智障儿童

（一）智障儿童概述

1. 什么是智障儿童

智障儿童，即智力障碍儿童，又称智力残疾儿童，是指智力显著低于平均水平，并伴有适应行为障碍。[①] 他们普遍在概念性、社会性和实践性适应技能方面表现出落后，障碍发生在 18 岁以前。这类障碍是神经系统结构、功能障碍所致的，是个体活动和参与受到限制，需要环境提供广泛、全面的支持。

智力测验主要是通过智力量表来进行的，使用较为广泛的是韦德斯勒智力量表。智力的高低用智商来表示，智商是个体接受智力测验所得到的标准分数。其计算公式为：$IQ=MA/CA\times100$，其中 IQ 为智商，MA 为智力年龄（简称智龄），CA 为实际年龄（简称实龄）。

对智力障碍的判断均以智力发展的明显落后（IQ＜70）以及社会适应行为障碍为两个重要的标准。社会适应行为是指人们习得的用于适应日常生活的概念性、社会性以及实践性技能。

2. 智力障碍的分级

我国智力障碍按障碍程度由重到轻分为一到四级，如表 6-6 所示。

表 6-6　我国智力障碍分级标准

级别	分度	与平均水平差距（标准差 S）	IQ 值	适应能力
一级	极重度	≥5.01	20 或 25 以下	极重度适应缺陷，在自我照料、自制、沟通和移动方面有严重的局限
二级	重度	4.01～5	20～35 或 25～40	重度适应缺陷，需要持续不断的支持性服务
三级	中度	3.01～4	35～45 或 40～55	中度适应缺陷，能够通过学习在自我照料方面有所发展，并获得一定的沟通与学科技能
四级	轻度	2.01～3	50～70 或 55～75	轻度适应缺陷，能够参加工作，能够维持较好的社会关系并对社会有所贡献

---

① 朴永馨：《特殊教育辞典》第三版，285 页，北京，华夏出版社，2015。

智力障碍的出现率：根据 2006 年第二次全国残疾人抽样调查数据推算，智力障碍人口占总人口的比例为 0.42%。

智力障碍出现的原因多种多样，主要有以下几种原因，如表 6-7 所示。

表 6-7　智力障碍出现的原因

出生前的 致病因素	遗传	①染色体异常 ②先天性代谢异常 ③其他遗传因素
	先天获得性异常	①胎儿期感染 ②药物毒性损伤 ③放射线和化学毒物的损害 ④母亲吸烟与嗜酒
出生时及出生 后的致病因素	出生时	①机械性损伤 ②缺氧
	出生后	①高烧、抽搐 ②脑炎、脑膜炎、脑外伤等的后遗症 ③社会文化因素：缺乏早期教育、营养不良、父母文化水平过低、社区文化环境恶劣、不良的医疗服务等

（二）智障儿童的特点

1. 智障儿童的身体发育

通常智障儿童有比较明显的特殊面容和体态，如唐氏综合征(先天愚型)、呆小病、脑积水、头颅畸形儿童等。智障儿童普遍运动发展迟缓：大多数同龄儿童开始走路时，智障儿童还不会走路；说话迟于同龄人；大多数同龄儿童开始说话时，智障儿童还不懂话，更不会说话；对环境(包括人和物)淡漠，没有积极的趋向，不与他人对视，逗引时不笑等。有的具有严重的视听缺陷。家长、医护人员在日常的养护过程中要注意观察，早发现，早干预。

2. 智障儿童的认知特征

(1)感知觉

智障儿童感觉的绝对阈限高于普通儿童，绝对感受性则低于普通儿童，知觉速度缓慢。

(2)记忆

智障儿童普遍存在记忆障碍，识记速度缓慢、保持不牢固、再现困难或不准确；记忆的组织能力较弱，不会采用分类等形式在理解的基础上进行记忆的问题。

(3)思维

智障儿童的思维直观具体，长期停留在直观形象阶段；缺乏分析、综合、抽象与概括能力；思维刻板，缺乏目的性和灵活性；思维缺乏独立性和批判性。

(4)注意

智障儿童注意的发展水平普遍较低，难以完成从无意注意向有意注意的转变。

(5)语言发展

轻度智障儿童学龄前可能没有明显的区别；智障儿童大多具有语言缺陷。一般来说，智力残疾的程度越严重，语言发展的水平也越低。而重度智障儿童几乎不理解书面语言。

3.智障儿童的社会适应特征

(1)日常生活自理

轻度智障儿童可表现出与其年龄相符的自理功能；重度智障儿童在日常生活各种活动中均需帮助，任何时候都需监管。

(2)社会交往能力

智障儿童的社会交往能力较弱。他们受认知能力、语言能力等的限制，对正常交往手段掌握不足。

（三）智障儿童的教育

教育安置：部分轻度智障儿童在融合的普通班级接受教育。在融合环境中接受教育的智障儿童，要面临学业技能的挑战和社会融合的挑战。部分智障儿童在普通学校特教班接受教育或训练。中、重度智障儿童在特殊教育学校接受教育。对于少部分障碍程度严重并伴有其他残疾的多重障碍儿童，采用在家教育的方式，由相关教育机构送教上门。

研究发现，当儿童的学习与真实的或类似真实的情境相联系时，他们就能够积极有效地建构知识。真实情境教学的三个步骤包括：①评定学生的长处和需要；②确定功能性优先；③通过有意义的学习经验，完成真实情境教学活动。

任务分析法是将需要学习的任务分析成一系列可以用清晰的行为来表达的学习元素和步骤，以更有效地协助智障儿童学习。任务分析法通常包括以下几个步骤：①确定学习目标；②细分学习目标；③依序实施教学。

二、智力超常儿童

（一）智力超常儿童概述

1. 什么是智力超常儿童

智力超常儿童，又称天才儿童，广义上是指在任何一方面的能力明显超过同龄儿童的各类儿童，即所谓资优和特殊才能儿童。狭义上是指一般智力优异或智商高并在学习能力上特别优秀的儿童。智力超常儿童在我国古代俗称神童，英语文献中称天才和特殊才能儿童。20 世纪 70 年代，我国心理学家把这类儿童称为"超常儿童"或"天赋优异儿童"。

中国超常儿童研究协作组的专家认为，超常儿童是智力和才能高度发展，优异智力、创造力及良好的个性特征相互作用构成的统一体。对于超常儿童的鉴定，多因素评估的方法是更准确、更公平的。该方法利用取自各种资料的信息进行评估，包括智力测验、成就评估、创造力评估、非学术领域表现的评估以及人格或非智力因素的评估。

2. 智力超常儿童的出现率

如果用智商测试的分数来认定天才，那么有 2%～3% 的人被认为是天才或超常儿童，在标准化智力测验中的得分高出平均值两个标准差。如果智力超常儿童包括那些有特殊才能的儿童，也就是说包括那些智商在 115 以上的有特殊才能的儿童，估计智力超常儿童将高达 10%～15%。

（二）智力超常儿童的特点

智力超常儿童相较同龄普通儿童，一般在各个领域有一定的发展优势。智力超常儿童的特点如表 6-8 所示。

表 6-8　智力超常儿童的特点

领域	特点	问题
生理	身心发展不同步 生理发展与智力发展之间异常不协调	心理功能与躯体功能发展不同步
认知	感知敏锐、观察力强 注意力集中，注意广度大、阅读速度快且注意稳定，具有高度紧张性 记忆力强；记忆敏捷 口头言语发展比较早，语言表达力强 思维敏捷，逻辑性强，思维深刻、广阔，具有独创性，有独特的信息加工能力	对常规课程厌烦 被同龄儿童理解为炫耀 对别人的干扰不满 被理解为太严肃、不喜欢常规和操练性作业
情感	创造性思维测验的成绩和创造性思维水平明显高于普通儿童 情绪比较稳定，意志坚强，对别人的情感和期望异常敏感 强烈的幽默感——可能是好心的或有敌意的	被理解为固执、不合作 对别人的批评异常脆弱、对成功和赏识要求高 以幽默的方式对待别人的批评，导致人际关系不好
个性	社会适应性比较好，情绪比较稳定，意志坚强，动机效能高	
学习活动	学习速度快，效果好，成绩优异	

（三）智力超常儿童的教育

在我国，在义务教育均衡发展的大环境下，教育行政部门不允许义务教育阶段开设超常班，高中阶段也不允许设重点班。因此，有些中小学没有针对智力超常儿童开展特别的教育，使智力超常儿童大部分分布在各个普通班中。超常教育主要由家庭承担，根据孩子的情况，让孩子周末参加知识拓展班等；有的智力超常儿童自学高年级内容。有的家长发现孩子智力超常，于是想办法提早入学，跳级或缩短学制，提前考大学。

对于智力超常儿童，教师可以采取的教育策略有如下几方面。

第一，加速学习。针对智力超常儿童学习能力强的特点，教师可以加深教学内容，让他们系统学习自己能力所及范围内的重要概念性知识。

第二，强化技能技巧。在多个领域里，智力超常儿童普遍具有独立意识和独创精神。教师要教他们善于在学习过程中寻求乐趣和兴奋点，更好地完成必要的常规学习任务。

三、孤独症儿童

（一）孤独症儿童概述

1. 什么是孤独症

孤独症是一种出现于儿童发展早期的神经发育障碍。其核心症状有社会沟通和社会交往障碍以及狭窄兴趣与重复刻板的行为模式。社会沟通和社会交往障碍表现为社交和情感的交互性障碍，在言语以及非言语交流方面存在缺陷，还表现为人际关系的理解和维持存在缺陷。狭窄兴趣与重复刻板的行为模式表现为语言和行为的重复刻板、僵化固定局限的活动兴趣和异常的感知觉反应。根据美国《精神障碍诊断与统计手册》的定义，孤独症还包括典型孤独症、阿斯伯格综合征、雷特综合征、童年瓦解性障碍四类。孤独症起病于婴幼儿期，18个月能确诊。

孤独症的主要特征在3岁之前出现，即社会交往的质的损伤，如缺乏社会性互动和情感交流；语言交流的质的损伤，如口语的延迟或完全缺失；狭窄的重复的刻板的行为模式、兴趣和活动，如持续地全神贯注于物体的某个部分；行为缺失，如不能与别人交流、缺乏功能性语言和行为过度；在社交、职业等临床上有显著障碍；不能用智力发育缺陷或整体发育迟缓解释。

2. 孤独症出现的原因

(1)遗传因素

目前多数研究认为，孤独症是一种复杂的异质性疾病，是由遗传和环境因素共同作用的结果，但确切的发病原因还不清楚。

(2)脑损伤因素

目前的研究显示，孤独症儿童存在脑结构和功能的异常。部分孤独症儿童存在小脑发育不良、脑干萎缩、杏仁核缩小、胼胝体缩小、海马体缩小、侧扣带回缩小、早期脑体积增加等问题。

（二）孤独症儿童的特点

1.孤独症儿童的认知特点

孤独症儿童会伴有智力障碍，个体之间的差异很大。也有部分智力正常的孤独症儿童，具备正常的学习能力，可以在普通学校学习。部分孤独症儿童具有特殊的"孤岛能力"，在某方面拥有超常的能力，如音乐能力、绘画能力、数学能力。

在感知觉方面，有的孤独症儿童感觉异常敏锐，对某些声音感到特别恐惧或喜欢；对某些视觉图像感到恐惧，或者喜欢用特殊的方式注视某些物品；不喜欢被人拥抱；常见痛觉迟钝现象；在本体感觉方面也显得特别，如喜欢长时间坐车或摇晃，特别惧怕乘坐电梯等。孤独症儿童对面部识别与普通人不同，他们对面部核心区域(眼睛、鼻子、嘴)的关注少于非核心区域。有些孤独症儿童容易偏食，只偏好特定的食物和气味。

在记忆方面，孤独症儿童普遍在机械记忆和视觉记忆上具有优势。有的孤独症儿童甚至拥有"照相机似的记忆"，能将看过的街景清晰地画出来。

在注意方面，有的孤独症儿童在注意范围上存在局限，对细节异常注意，对特殊物体具有强迫性注意；沉迷于自己感兴趣的事物或活动之时，对其他人或事物置之不理，缺乏共同注意。

2.孤独症儿童的语言特点

孤独症儿童在语言交流、语义理解和表达上都存在障碍。有的孤独症儿童存在语言发育迟缓问题，有的终生无语言能力，有的会不停重复同样的一句话，有的发音单调，有的说话像鹦鹉学舌。他们的社会交往能力较弱。

3.孤独症儿童的行为特点

孤独症儿童常常会重复刻板行为或刻板动作，不停地转圈、嗅味、玩弄开关、来回奔走、排列玩具和积木、双手舞动，喜欢车轮、风扇或其他圆形物体，反复观看电视广告或天气预报，爱听某一首或几首特别的音乐。他们常进行仪式性常规活动以及进行重复动作。

（三）孤独症儿童的教育

在教育安置方面，轻度孤独症儿童主要在普通学校随班就读或特教班就读；中、重度的在特殊教育学校；极严重且伴有多重障碍的在机构或家中接受送教上门服务。

孤独症儿童的教育支持策略包括如下两种。

1. 结构化教学

结构化教学是有组织、有系统地安排教学环境、材料及程序，以静态的视觉传递为主要方式，即以图片、空间结构安排的方式让儿童学习的教学。

结构化教学包括如下 5 个重要部分。

①视觉的安排。对环境、材料及程序做一个适当的安排，使儿童用视觉辨别的能力理解当中的意义。比如，给儿童以视觉的提示，让他们坐好、保持安静、留心听，望着、举手和排队，帮助他们理解。让儿童一看图就能明白这个词的含义。给儿童一个固定的工作环境，能够帮助他们有序完成任务。

②常规。常规就是惯例或习惯，可以提高儿童的环境适应能力，减轻焦虑感。建立常规的有效方法就是保持一致性，即无论是在家还是在教室中，都遵从同样的常规面对环境及生活。常规能提高儿童适应社会环境的能力和学习的效率。

③环境安排。清楚地划出范围，做固定活动，最理想的安排就是每一个角落只做一种特定的活动。

④时间程序表。告诉儿童每日或某段时间中所进行的活动，以及进行这些活动的先后次序。

⑤个人工作系统。它包括结构化教学的元素，就是视觉安排、常规、环境安排及时间程序表。综合了这些元素，加上特定的资料安排，便能建立这个系统。

2. 视觉支持策略

视觉支持策略主要用于帮助儿童适应环境的变化，帮助他们独立完成某一项或者多项任务。视觉支持的表现形式可以是做一件事情的具体步骤，也可以是单个活动的时间表，还可以是每天的日程安排。

结构化教学与视觉支持的有机结合的效果更好，可以要求孤独症儿童按照作息时间表完成工作，建立"有始有终""先工作后茶点""从左至右"的常规。

同步考核 ······▶

一、判断题

1. CA 为智力年龄（简称智龄），MA 为实际年龄（简称实龄）。（　　）

2. 智障儿童普遍存在记忆障碍、识记速度缓慢、保持不牢固、再现困难或不准确的问题；他们还存在记忆的组织能力较弱，不会采用分类等形式在理解的基础上进行记忆的问题。（　　）

3. 智力超常儿童相较同龄普通儿童，一般在各个领域有一定的发展优势。（　　）

二、选择题

1. 智力障碍分级标准中，智力障碍程度最重的是（　　）。

A. 一级　　　　　　　　　　B. 二级

C. 三级　　　　　　　　　　D. 四级

2. 任务分析法的步骤不包括（　　）。

A. 确定学习目标　　　　　　B. 确定功能性优先

C. 细分学习目标　　　　　　D. 依序实施教学

3. 关于孤独症儿童产生的原因仍在不断研究中，目前得到较广泛认同的是（　　）。

A. 遗传因素　　　　　　　　B. 环境因素

C. 脑损伤因素　　　　　　　D. 家庭因素

三、填空题

1. _____是指智力显著低于平均的水平，并伴有适应行为障碍。

2. 智力测验主要是通过智力量表来进行的。使用较为广泛的是_____。

3. 在记忆方面，孤独症儿童普遍在_____和_____上具有优势。

培智学校教师如何在智障学生的生活适应课程中运用强化技能

斯金纳认为行为之所以发生变化，是因为强化作用的结果。培智学校教师在智障学生的生活适应课程中要具备强化技能。所谓强化技能是指教师在教学活动中促进和增强学生的反应，使其保持学习力量的一种教学行为方式。强化技能的方式有教师在教学中运用诸如激励赞扬的语言、期望鼓励的目光与眼神、点赞的手势以及利用面部表情、肢体动作和活动方式，强化智障学生的学习情绪，增强他们情绪的感染力。强化技能包括言语强化、动作强化、活动强化等。言语强化时，教师对智障学生在课堂上的学习反应和表现，多使用如"很好""很棒"这样简短评价语做出确认、表扬。这样学生将会获得一种自我肯定与自我认同，从而提高学习兴趣与学习自信心。动作强化时，教师采用手势、在课堂上站立的位置、走动接近或接触学生的行为，这些都会产生强化的效果。活动强化是教师指导学生自我参与、自我活动来强化教学的行为，可通过游戏、竞赛、角色扮演等活动来达到强化的目的。

▶任务三
其他障碍儿童

| 任务情境 |

小明上小学二年级。他平时在课堂上会打扰同学，吃东西，站起来东张西望或走动；爱插嘴，但不会回答老师的问题。他说话时经常词不达意，还要想很长时间，做作业时磨蹭、马虎，常将生字偏旁写颠倒，多笔画或少笔画。但他的智力发展水平正常。

任务：小明属于什么障碍类型？如何帮助他？

一、学习障碍儿童

（一）学习障碍儿童概述

1963年，美国特殊教育学者柯克提出了学习障碍(learning disabilities)一词，得到了学界的广泛认同。之前特殊教育学界有关学习障碍采用的多种多样的名称开始逐渐规范和统一。

自此之后，有关学习障碍儿童的研究开始蓬勃发展，但目前关于学习障碍的定义仍未统一。美国1975年颁布的《全体残障儿童教育法案》将学习障碍定义为：在理解和使用口头语言或书面语言方面存在一种或几种心理过程的障碍。这些障碍可能表现为听、说、阅读、思维、书写、拼写和数学计算能力的不完善。具体包括知觉缺陷、脑损伤、轻微脑功能失调、诵读困难和发展性失语症等，但不包括那些主要由视、听、运动缺陷、智力落后和情绪障碍等引起的学习困难，也不包括那些主要由经济、文化、环境等方面处于劣境而产生的学习困难。

除了明确定义之外，我们在判断一个儿童是否有学习障碍时，还应注意如下三个标准。

①在同等条件下，学习障碍儿童的学习成绩明显落后。

②学习障碍儿童可能会存在生理或心理发展障碍，但仍在正常范围内。

③经过特殊教育，学习障碍儿童的学习成绩会有明显改善。

（二）学习障碍儿童的特点

学习障碍儿童的特点主要表现在如下两个方面。

一是在认知能力方面，学习障碍儿童的总体认识能力水平低于普通儿童。可能表现为智力发展的整体水平偏慢，也可能表现为各种认知能力的发展不均衡，如语言智力或注意力发展的缺陷。

二是在学业成就方面，学习障碍儿童的学业成就常不能达到与其生理年龄相符的能力水平。他们在阅读、书写、数学推理和计算方面的困难表现得尤为显著。

（三）学习障碍儿童的教育

学习障碍儿童的教育安置形式和其他障碍儿童相似，需要根据他们的身心特点和能力水平等来确定与之相适宜的教育安置形式。主要有如下几种安置形式：在普通班接受教育；在资源班接受教育；在特殊班接受教育；在特殊教育学校接受教育；在家或医院接受教育。

针对学习障碍儿童的教育训练的方法多种多样，主要根据学习障碍儿童自身的障碍特点来灵活应变。下面介绍三种常用的方法，但在实际运用中还应结合学科特点和学习障碍儿童自身的特点来进行调适。

一是作业训练。它指将学习障碍儿童感到困难的知识和技能的学习分解成多个更简单、更细致的小环节或步骤，逐一教学，再指导他们将这些分解步骤整合成完整的技能。

二是历程训练。它指针对学习障碍儿童在认知活动中的某一项认知缺陷进行针对性训练，如对记忆、注意、言语和思维等的专项训练。

三是历程—作业训练。它将作业训练和历程训练相结合，更加适合既存在认知方面的困难，又存在内在能力缺陷的学习障碍儿童。

二、多重障碍儿童

（一）多重障碍儿童的概念

多重障碍儿童是同时伴有两种及以上障碍的儿童。其中存在一种主要障碍兼有其他次级障碍的情况，这种情况通常被定义为伴随损伤；也有兼有两种障碍的情况。

多重障碍儿童一般需要多方面的、密集的支持和特殊教育服务才能够进行生活和学习活动，达到独立生活、就业与自我实现。

（二）多重障碍儿童的特征

多重障碍儿童在生理特征方面常伴有多种生理问题和疾病，如癫痫、进食困难、肢体畸形、身体病弱等。

在学习方面，多重障碍儿童面临着比普通儿童更显著的困难，如在记忆力、注意维持、技能合成、类化和自我管理方面的困难。

由于多重障碍儿童在身心方面的特征，他们在人际交往和社会活动方面也存在不同程度的问题。

由于多重障碍儿童的个体差异很大，通常需要结合个体本身的实际情况进行综合评估，才能够更加准确地把握他们的特征。

（三）多重障碍儿童的教育

多重障碍儿童的教育安置形式与其他障碍类别的特殊儿童一样，需要根据其身心特征和实际情况，选择最适宜的教育安置形式。

在进行多重障碍儿童的教育时，相比学科课程，教师应更加注重功能性课程。根据多重障碍儿童自身特质的不同，可能涉及进食技能、如厕技能、穿衣技能和个人卫生等生活自理领域的课程，同时兼顾动作训练和交往沟通方面的课程。

多重障碍儿童的教育可以多运用多感官的课程和教学，发挥多重障碍儿童的优势能力来进行教学，以取得较好的效果。多重障碍儿童的教育也应更加注重发挥早期干预的作用。

同步考核

一、判断题

1. 1963 年，美国特殊教育学者柯克提出了多重障碍一词，得到了学界的广泛认同。（　　）

2. 学习障碍包括那些主要由视、听、运动缺陷、智力落后和情绪障碍等引起的学习困难。（　　）

3. 学习障碍不包括那些主要由经济、文化、环境等方面处于劣境而产生的学习困难。（　　）

二、选择题

1. 除了明确定义之外，我们在判断一个儿童是否有学习障碍时，还应注意（　　）。

A. 学习障碍儿童通常有一定程度的智力障碍

B. 在同等条件下，学习障碍儿童的学习成绩明显落后

C. 学习障碍儿童可能存在生理或心理发展障碍，但仍在正常范围内

D. 经过特殊教育，学习障碍儿童的学习成绩会有明显改善

2. 学习障碍儿童的特点主要表现在(　　　)。

A. 认知能力方面

B. 生活适应方面

C. 社会交往方面

D. 学业成就方面

3. 在学习障碍儿童的教育中，最常用的方法有(　　　)。

A. 作业训练

B. 历程训练

C. 结构教学法

D. 历程－作业训练

三、填空题

1. 多重障碍儿童是同时伴有_____障碍的儿童。

2. 多重障碍儿童的教育安置形式与其他障碍类别的特殊儿童一样，需要根据其_____，选择最适宜的教育安置形式。

3. 多重障碍儿童的教育可以多运用_____的课程和教学，发挥多重障碍儿童的优势能力来进行教学，以取得较好的效果。

思考与实践 ·····▶

1. 视障儿童教育应特别关注哪些方面？

2. 结构化教学有哪些重要组成部分？

3. 党的二十大提出"办好人民满意的教育"，对于特殊儿童的教育教学而言，应该如何做？

项目七　特殊教育课程

篇前语

　　课程是实现学校育人目标的载体。课程建设是学校办学理念的具体体现，是学校教育目标实现的途径，是学校工作的重心。新中国成立以来，我国特殊教育课程走过了 70 余年的路程。党的二十大也明确提出要"办好人民满意的教育"，强调要实现特殊教育普惠发展，在国家政策、文件引导下，特殊教育课程在历史的变革中不断发展。特殊教育的课程建设对于特殊教育学校的发展而言意义重大。

项目思维导图

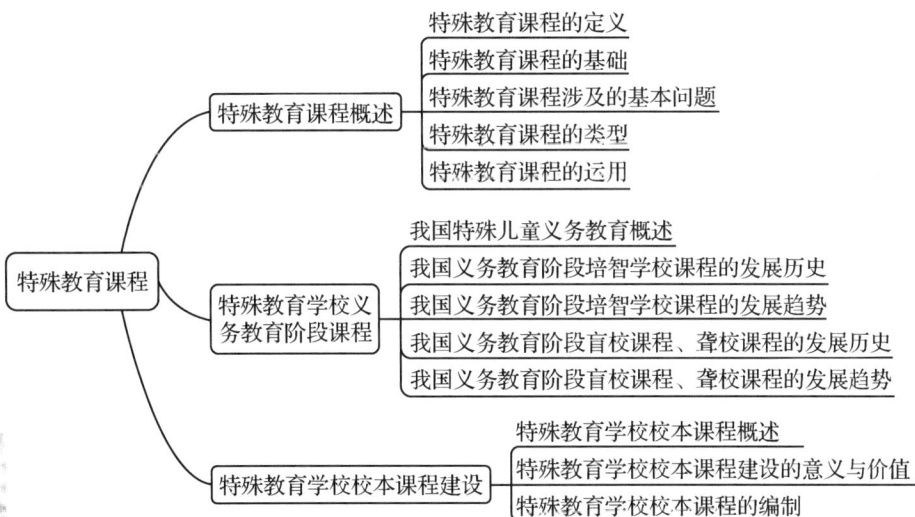

特殊教育课程
- 特殊教育课程概述
  - 特殊教育课程的定义
  - 特殊教育课程的基础
  - 特殊教育课程涉及的基本问题
  - 特殊教育课程的类型
  - 特殊教育课程的运用
- 特殊教育学校义务教育阶段课程
  - 我国特殊儿童义务教育概述
  - 我国义务教育阶段培智学校课程的发展历史
  - 我国义务教育阶段培智学校课程的发展趋势
  - 我国义务教育阶段盲校课程、聋校课程的发展历史
  - 我国义务教育阶段盲校课程、聋校课程的发展趋势
- 特殊教育学校校本课程建设
  - 特殊教育学校校本课程概述
  - 特殊教育学校校本课程建设的意义与价值
  - 特殊教育学校校本课程的编制

课前预习

伴随国家医疗水平的提升、融合教育的发展，有些特殊教育学校中的特殊儿童的障碍类型越来越复杂、障碍程度越来越严重，一直选用的教材、传统的教学形式已经无法适应他们的需求，学习效果甚微，导致教师的社会价值在工作中也无法体现。面对这种情况，特殊教育学校该如何改变？选择什么样的课程、采用什么样的方式方法开展教学？

▶任务一
特殊教育课程概述

本部分主要介绍特殊教育课程的基本内容，包括特殊教育课程的定义、特殊教育课程的基础、特殊教育课程所涉及的基本问题、特殊教育课程的类型，同时介绍特殊教育课程的运用。本部分要求对特殊教育课程形成较为全面的认识，并能够结合特殊儿童的实际，运用合适的课程开展教育教学活动。

一、特殊教育课程的定义

（一）课程

"课程"一词是教育学领域经常会被提到的专业术语。对于"课程"的定义，专业人士也是众说纷纭。

1."课程"一词的来源与发展

在国外，追溯"课程"一词，应该从《什么知识最有价值》说起。英国教育家 H. 斯宾塞(H. Spencer)在该文中最早提出"Curriculum"一词。该词源于拉丁语"Currere"，意为"跑道"。斯宾塞将其引入教育，隐喻"一段教育进程"，也被引申为"学习的路程"，这一说法得到西方教育者的广泛认同，并被普遍采用。

在我国，追溯"课程"一词应该从唐代说起。经学家孔颖达在其主持编纂旧说府库、资料宝藏《五经正义》中为《诗经·小雅·巧言》的"奕奕寝庙，君子作之"注疏时，写道："维护课程，必君子监之，乃依法制。"这是目前能够查阅到的最早使用"课程"一词的历史记载。而这里的"课程"是"秩序"的意思，与现在对"课程"的定义相差甚远。南宋时期理学家朱熹在《朱子全书·论学》中提到"小立课程，大作工夫"。这里的"课程"含义相对来说还是比较狭窄的，只是涉及学习内容的安排，并不包含教学方法的意思。所以，此处的"课程"用"学程"定义更为准确。

随着时代的发展，伴随教育快速前进的步伐，"课程"一词的含义也越来越丰富，演变为具有多重意义的基本范畴。《中国大百科全书·教育》对"课程"的定义中，将课程作为学科，这也是目前为大众普遍认可的；泰勒（Tyler）、加涅（Gagne）等人认为，课程即预期的学习结果；美国的其他课程论专家则将课程视为学习者的经验或体验。无论课程的定义怎样变化，我们可以肯定的是课程的内涵在不断丰富：课程既包含正规的课堂教学活动，落脚于书本知识，也应包括丰富的课外活动内容；课程不仅关注学生理论知识的掌握，也在乎学生思维能力、创新能力等的养成。

2. 课程的定义

对课程的定义可以区分为狭义和广义。狭义的课程是指各级各类学校为了实现培养目标而确定的学科及其目的、内容、范围、活动、进程等的总和。它主要体现在课程计划、学科课程标准和教科书中。

广义的课程是指学生在学校安排与教师的指导下，为达成教育目的所从事的一切有程序的学习活动与经验，是教师、学生、教材、环境四个因素间持续交互作用的动态情境，是一种动态的、生长的生态系统和完整文化。

（二）特殊教育课程

依据课程的定义，特殊教育课程的定义同样分为狭义与广义两种。

狭义的特殊教育课程是指特殊教育学校开设的各门学科。例如，培智学校开设的生活语文、生活数学、生活适应等科目；盲哑学校开设的思想品德、物理、沟通与交往等科目。

广义的特殊教育课程是指特殊教育学校学生在教师的指导下，为实现教育目标所开展的一切学习活动。除课堂学习活动以外，特殊教育课程还包含各类课外活动、校外实践活动等。

二、特殊教育课程的基础

教育思想决定课程发展的方向，影响课程的内容以及组织结构。教育思想涵盖哲学、社会、文化等多方面，无论是实用主义、进步主义还是存在主义、后现代主义均会产生与之相一致的课程教学观。现代化的教育思想也在引导特殊教育建构能够满足时代需求的课程教学观。处于现代化进程中的特殊教育课程不仅使学生掌握基本的学习工具，还使其能具备生活所需的知识、技能以及正确的价值观与态度。

充分了解特殊教育课程的服务对象，也是特殊教育课程发展的基础。只有充分把握各类学生的身心特征，才能提供可以满足其身心发展需求的课程、教材、教法等。此外，人类社会文明进步、常态社会建构也为特殊教育课程的发展提供支持。社会的进步会推动特殊教育发展，特殊教育发展中的教育平等观念、个别化教育教学理念以及融合教育实践等均会推动特殊教育界新的课程观念、课程体系的诞生。

综上所述，教育思想、学生需要、社会需要是特殊教育课程发展的基础。

三、特殊教育课程涉及的基本问题

特殊教育课程涉及的基本问题如图 7-1 所示。

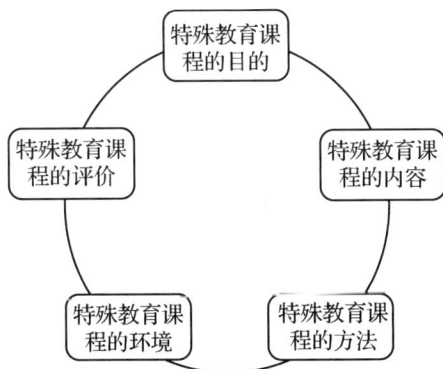

图 7-1　特殊教育课程涉及的基本问题

四、特殊教育课程的类型

（一）根据特殊儿童的生涯发展需要而划分的课程

日本教育学家小原国芳首次提出"全人教育"理念，强调教育要塑造"完善的人"。多年来，我国普通教育在努力实现"全人教育"理念，并将"全人教育"进一步理解为塑造全面发展的儿童。特殊教育面对各类身心障碍儿童，如何引导身心障碍儿童直面障碍，补偿缺陷、发展潜能，如何帮助特殊儿童获得"全人"的发展，也是当今特殊教育界积极关注的问题。特殊儿童的身心发展是一个整体，无论是从横向(身心发展各个角度)，还是从纵向(不同年龄期)的发展、成长，都需要与之匹配的课程为之服务。以下以特殊儿童的年龄为主线，介绍目前应用较为广泛的各类课程。

1. 发展性课程

发展性课程是针对学龄前特殊儿童，为把握其身心发展的关键期，满足特殊儿童的身心发展需要而提供的早期干预课程。该课程处于特殊儿童生命的起始阶段，建立于奠基性和关键期的特殊儿童发展阶段，给早期干预极大的可能性。发展性课程主要由感知觉、粗大动作、精细动作、生活自理、沟通、认知以及社会技能等方面的内容构成。

发展性课程呈现多元化发展趋势。面对不同障碍类型、不同障碍程度的特殊儿童，不同类型的特殊教育均有能够满足其身心发展需求的发展性课程。例如，培智教育中有个别化教育课程、早期疗育课程、以知觉—动作为核心的学习适应课程；聋教育中有聋儿语训类课程；盲教育中有涉及培养动作、感官等方面技能的课程。

2. 义务教育阶段课程

《中华人民共和国义务教育法》第十九条规定："县级以上地方人民政府根据需要设置相应的实施特殊教育的学校(班)，对视力残疾、听力语言残疾和智力残疾的适龄儿童、少年实施义务教育。"特殊教育中的义务教育阶段课程是指特殊教育学校依据国家要求，结合特殊儿童的身心发展需要而开设的各类课程。

为进一步提升特殊教育质量，教育部于 2007 年分别颁布了《聋校义务教育课程设置实验方案》《盲校义务教育课程设置实验方案》《培智学校义务教育课程设置实验方案》，详细阐述了各类特殊教育学校课程的培养目标、设置原则、设置计划、设置比例以及有关说明等内容。教育部又于 2016 年正式发布盲校、聋校和培智学校义务教育课程标准，详细阐述了各类课程各个科目的具体内容，为特殊教育学校的教育教学提供了强有力的支撑。

三类特殊教育学校的义务教育阶段课程既强调与普通教育课程的共同性，开设了语文、数学等工具类学科课程，也关注到特殊儿童的特殊性。培智学校强调以生活为核心，将生活语文、生活数学视为工具类学科，将生活适应视为核心课程，同时结合培智儿童的需求开设康复训练、艺术休闲等选修课程；聋校开设沟通与交往课程；盲校开设定向行走、综合康复等课程。持续不断的课程改革进一步提升了特殊教育质量，为促进特殊儿童的身心健康成长提供支持。

3. 适应性功能课程

适应性功能课程是指针对学龄中后期，尤其是中、重度障碍儿童，为培养其功能性适应能力而开设的课程。适应性功能课程侧重于培养儿童的居家生活、自我照顾、使用社区、社交技能、工作等方面的能力，主要目的是能够帮助特殊儿童更好地适应生活、适应社会，希望能够帮助特殊儿童提升生活品质，帮助其过上更加独立的生活。

"适应"是双向的而非单向的，因此适应性功能课程不单纯要求特殊儿童为适应生活而改变，同时也要求环境依据特殊儿童的身心发展需要而做出相应调整，给予及时、有效的支持、辅助，帮助特殊儿童更好地适应生活、适应社会。

4. 教康整合课程

教康整合课程，顾名思义，即将教育与康复有机地结合起来，在特殊儿童教育中阶段性吸纳融进康复。将教育内容与康复训练内容相结合，打破单一教育、单一康复的模式，用以满足特殊儿童的教育需求，提升为特殊儿童服务的能力以及服务的有效性，促进特殊儿童的健康成长。

目前特殊教育学校开设较多的教康整合课程有动作训练、语言训练、孤独症儿童康复训练、心理辅导等。教康整合课程的出现满足了特殊儿童身心发展的需求，缓解了特殊儿童的康复人员缺乏的现状，符合我国特殊教育课程的发展趋势，提升了教学的有效性、趣味性，推动了特殊教育教师的自我成长。

5. 职业教育课程

职业教育课程是重点为 15 岁以上有中、重度特殊需求青年提供的，是由工作人格、职业能力、独立生活技能构成的职业教育课程。职业教育课程应强调让教育回归教育，确定职业教育职高阶段的教育目的，不是单纯提供某些特定工作技能的训练，而是应该回归到对学生工作人格和素养的培养上。由此可见，职业教育课程不仅仅是一味地教授学生某项职业技能，而是应该关注学生工作人格以及职业素养的养成，使学生具备基本的工作人格、职业素养，极大地增加学生毕业后多元化就业的可能性。

职业教育在我国特殊教育体系中历来是比较受到重视、关注的。党的二十大多次提到"职业教育"，要求统筹职业教育与其他教育的协同创新，强调要优化职业教育类型定位。纵观我国特殊教育学校课程体系，劳动技能、职业教育课程在盲、聋、培智教育中贯穿九年义务教育。有的是直接开课，而有的则融入综合实践活动。

6. 融合教育课程

融合教育的出现是社会文明进步的体现，是教育追求公平、正义的结果。而融合教育的发展关键在课程调整。所谓课程调整是指针对融合班的特殊儿童，为满足其个别化教育需求，对照普通班级课程而做的课程模式的选择和执行。因此，融合教育课程既能够满足班级普通儿童的教育需求，也应该能够满足特殊儿童的教育需求。

融合教育课程调整中的重要概念是"全方位通用课程设计"。这一概念源自建筑学，强调以普通教育课程为基础，通过对课程的分解、细化、调整，让特殊儿童以及普通儿童均可使用，突出"教育教学无障碍"。

7. 生态课程

特殊教育中生态课程的出现是特殊教育进步的结果，是引导特殊儿童追求生活品质的体现。生态课程强调以儿童的生活为核心，引导儿童学习生活、学会生活，旨在促进儿童的生活适应以及社会适应能力的发展。

生态课程是形成性课程，要求教师深入特殊儿童的生活环境，通过观察他们的一日生活，明确教育目标，选择恰当的教学方法，为他们量身定做个别化课程；在教师与儿童的共同参与中，儿童能够更好地适应生活，进一步提升生活品质。

（二）根据特殊儿童的障碍类型而划分的课程

纵观我国特殊教育课程发展的历史，面对不同障碍类型、障碍程度的特殊需求学生，特殊教育课程也在不断发展与完善。2016 年，国家颁布了盲校、聋校以及培智学校义务教育阶段的课程标准，明确规定了三类特殊需求学生的课程内容。因此，目前盲教育课程、聋教育课程以及培智教育课程具有较完善的课程体系。除此以外，还有孤独症儿童教育课程、言语与语言障碍类课程以及脑瘫儿童教育课程等，但是这些课程仍在不断发展、改进、完善中。

（三）根据特殊教育课程的编制者和管理者而划分的课程

根据特殊教育课程的编制者和管理者可以将特殊教育课程分为国家课程、地方课程以及校本课程。

国家课程既包含国家有关部门如教育部制定的各项课程政策，也包含各类课程标准等内容。特殊教育界的国家课程既有历年来国家颁布的系列课程文件、政策，也有国家于 2016 年颁布的盲、聋、培智三类特殊教育学校的课程标准。地方课程主要是由地方根据国家政策，结合地方要求开发的课程。在特殊教育领域，各地地方课程的发展不太平衡，其规模、体系与普通教育的地方课程相比存在差距。校本课程主要是在国家课程、地方课程的基础上，由学校结合本校以及学生的实际，在校领导的带领下，集合学校教师团队力量共同开发的课程。在特殊教育领域，因为特殊教育学校特殊儿童的身心差异大，校本课程更能够满足其教育需求。

依托国家课程、地方课程以及校本课程，构建合理的课程结构，是教育规律的要求。有教育专家指出，普通教育中国家课程、地方课程、校本课程三类课程所占比例为 5∶3∶2。而对于特殊教育学校，三类课程所占比例应该根据特殊儿童的身心差异状况进行调整。对于盲生、聋生，三类课程所占比例仍强调以国家安排课程为主，地方、学校安排课程为辅。而对于身心差异较大的智障儿童以及其他发展性障碍儿童，三类课程所占比例应该调整为 3∶2∶5，方能满足特殊儿童的身心发展需求。

（四）根据特殊教育课程的组织形式而划分的课程

根据特殊教育课程的组织形式可以将特殊教育课程分为分科课程和综合课程。

作为两种不同编制方式的课程，分科课程是一系列独立设计、自成体系的课程，也是目前我国普通教育中主要的课程组织形式。综合课程与之相反，重视各学科之间的联系，强调打破学科界限，将相关联学科的内容整合在一起形成整合课程，着重儿童综合解决问题的能力的培养。综合课程也分多种形式，既有强调两类或两类以上学科观点相关联又各自独立的关联课程，也有要求相关联学科大融合的广域课程，当然也有核心课程。核心课程是以某主题或者某一学科为核心，围绕全部学科或者其他学科的核心设计的课程，其在特殊教育领域广泛使用。

特殊教育学校课程设置非常重视分科与综合相结合，强调依据儿童的身心发展需求，既要注重学科知识的传授，又要加强综合能力、解决实际问题能力的培养。例如，聋校课程设置中提出九年义务教育低年级(1～3 年级)、中年级(4～6 年级)以综合课程为主；而高年级依据儿童的身心发展需求，开设综合课程的同时，也设置分科课程。

（五）根据特殊教育课程结构而划分的课程

根据特殊教育课程结构可以将特殊教育课程分为显性课程和隐性课程。所谓显性课程，又称为形成课程、正式课程，是指在学校教学计划中明确规定的课程。显性课程通常会以教科书、教学大纲、教材、教具等形式表达出来。而隐性课程与之相反，是指教学计划中未明确规定的课程。学校的建筑风格、环境设施、校训、办学宗旨、办学体制、师生人际关系和价值观等均属于隐性课程范畴。

特殊教育学校既需要显性课程引导儿童建构完善的知识体系，也需要隐性课程对其潜移默化的影响，帮助儿童陶冶性情，树立积极向上的人生观以及正确的价值观。

（六）根据特殊儿童的学习要求而划分的课程

根据特殊儿童的学习要求可以把特殊教育课程分为必修课程和选修课程。必修课程是指学生必须学习的课程，突出体现了国家、地方对学校、学生的要求，是学校办学质量的保证。选修课程突出对学生个别化教育需求的尊重，积极鼓励学生发挥自身优势、能力，培养特长。

特殊教育学校服务各类特殊需求学生，学生之间的差异远远高于普通学校。因此培智学校课程设置强调一般性和选择性相结合，并强调设置一般性课程(必修课程)7门、选择性课程(选修课程)3门；聋校课程设置突出统一性与选择性相结合，积极鼓励学校创造条件，开设选修课程。两类课程同时存在，具有同等价值，相辅相成，以建构完整的课程体系。

五、特殊教育课程的运用

（一）特殊教育课程运用的步骤

图 7-2 为特殊教育课程运用的步骤。

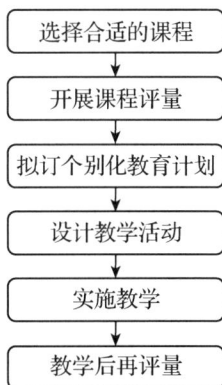

```
选择合适的课程
    ↓
开展课程评量
    ↓
拟订个别化教育计划
    ↓
设计教学活动
    ↓
实施教学
    ↓
教学后再评量
```

图 7-2　特殊教育课程运用的步骤

（二）特殊教育课程运用的注意事项

第一，特殊教育课程众多，需要根据特殊儿童的障碍类型、障碍程度以及身心特征选择合适的课程。

第二，开展课程评量很重要。只有通过评量才能全面了解特殊儿童，把握特殊儿童的现有能力，明确特殊儿童身心发展的长短期目标。这样才能做到针对问题，解决问题，从而确保教学的有效性。

第三，个别化教育计划包含特殊儿童身心发展的目标。目标的选择应确保客观、准确，目标的撰写应注意可操作性。

第四，教学活动设计、教学实施为特殊儿童身心发展目标的达成创造条件。无论是设计教学活动还是实施教学，均需注意在关注班级团体目标达成的同时，关注班级特殊儿童个别目标的达成情况，且应注意教育教学方法的多样性。

第五，教学后再评量既可以验证目标是否符合特殊儿童的需求，也可检验目标的达成情况。

同步考核 ……▶

一、判断题

1. 课程的定义有广义与狭义之分。（　　　）

2. 根据课程结构而划分的课程有选修课程和必修课程。（　　　）

3. 发展性课程是针对学龄中后期，尤其是中、重度障碍儿童，是为培养其功能性适应能力而确定的课程。（　　　）

二、单选题

1. 根据课程结构可以将课程分为显性课程与（　　　）。

A. 结构课程　　　　　　　　　　B. 隐性课程

C. 空白课程　　　　　　　　　　D. 发展课程

2. 狭义的课程是指各级各类学校为了实现（　　　）而开设的学科及其目的、内容、范围、活动、进程等的总和。

A. 课程方案　　　B. 活动计划　　　C. 培养目标　　　D. 课程内容

3. 特殊教育课程的运用有（　　　）个步骤。

A. 5　　　　　　　　B. 6　　　　　　　　C. 7　　　　　　　　D. 8

三、填空题

1. 日本教育学家_____首次提出"全人教育"理念，强调教育要塑造"完善的人"。

2. 特殊教育课程发展的基础为教育思想、_____、社会需要。

3. 特殊教育课程涉及的基本问题为特殊教育课程的目的、特殊教育课程的内容、_____、特殊教育课程的环境、特殊教育课程的评价。

►任务二

特殊教育学校义务教育阶段课程

某地方培智学校建于 2020 年。该校在进行学校课程建设时，查阅了国家相关培智学校教学计划文件，以此为依据安排了学校各个班级的功课表，开设了常识课、语文课、数学课、美工课等系列课程。

思考：我国培智教育课程经历了怎样的历史演变？该培智学校参阅的相关文件是否符合时代要求？开设的课程是否能够满足培智学校学生的身心发展需求？

本部分主要介绍特殊教育学校义务教育阶段课程的基本内容，包括三类特殊教育学校课程的发展历史、改革依据以及发展趋势等内容。主要目的在于对特殊教育学校义务教育阶段课程有一个较为全面的认识。

一、我国特殊儿童义务教育概述

（一）义务教育

义务教育是国家统一实施的所有适龄儿童、少年必须接受的教育，是国家必须予以保障的公益性事业。

（二）特殊儿童义务教育

特殊儿童义务教育是指对盲、聋、智力落后、肢体残疾儿童少年实行的一定年限的基础教育。

二、我国义务教育阶段培智学校课程的发展历史

1987 年 12 月 30 日，国家教育委员会印发了《全日制弱智学校(班)教学计划》(简

称《教学计划》），供全日制培智学校和普通学校附设的培智班研究试行。1994 年 10 月，国家教育委员会印发了《中度智力残疾学生教育训练纲要(试行)》(简称《训练纲要》），按照低年级、中年级、高年级分别设置生活适应、活动训练、实用语数的教育训练内容。2007 年，教育部印发了《培智学校义务教育课程设置实验方案》(简称《培智学校实验方案》)。2016 年，教育部印发了培智学校义务教育课程标准(2016 年版)(简称培智学校课标)。

（一)《全日制弱智学校（班）教学计划》

我国于 1979 年开始办培智教育。经过几年的实践，结合各地培智学校的教育需求，教育部制订了《教学计划》。该计划共包含培养目标和任务、学制和入学年龄、招生对象及办法、教学组织形式、时间安排、课程设置几点注意事项。

该计划的培养目标既从社会主义公民的角度提出要求，同时也强调补偿缺陷、发展潜能，使智障儿童具备基本的生活适应、社会适应能力。招收对象为轻度智力障碍儿童且具有一定的生活自理能力；学制依据当地实际情况，可以实行六年制，也可以实行九年制。该计划规定了班级人数不能超过 12 人，上课时间控制在 35 分钟；设置了 7 门课程，分别是常识课、语文课、数学课、音乐课、美工课、体育课、劳动技能课，并对每一门课的具体内容做了详细说明。

此外，该计划进一步说明了培智学校与普通小学教育的区别，指出培智学校的教育教学应体现培智教育的特殊性，不宜照搬普通小学模式，强调教材选择以及教学评价应注重灵活性，同时强调劳动技能、音乐、美工和体育教学对智障儿童身心发展的重要性，争取家庭、社会、医疗的支持，构建支持系统的重要意义。

（二)《中度智力残疾学生教育训练纲要（试行）》

《训练纲要》是国家根据《中华人民共和国义务教育法》《中华人民共和国残疾人保障法》以及中度智力障碍学生身心发展需求制定的，共包含五个部分，分别是教育训练的目的和任务、教育训练对象和学制、确定教育训练纲要的原则、教育训练的内容、教育训练工作的几个问题。

《训练纲要》提出教育训练的任务有三个方面；一是全面发展的任务；二是补偿缺

陷的任务；三是准备进入社会的任务，为其成为社会平等的公民打下基础。招收对象为中度智力障碍儿童，原则上入学年龄以及学制与当地义务教育一致，班级人数宜控制在 8 个人。《训练纲要》提出教育训练的五个原则，分别是共性与个性统一的原则、实用性原则、实践活动性原则、补偿原则、弹性原则。《训练纲要》规定了教育训练的内容，包括生活适应、活动训练、实用语算，并在附录中分低、中、高年级详细描述了三个科目的具体内容。

此外，教育训练中重点阐述的几个问题涉及四个方面：第一，安置形式，即培智学校、普通学校的特教班、普通学校的随班就读；第二，教学组织形式为个别化教学；第三，教学方法强调综合教学，并且要注意教学方法的多样性、学生评价的灵活性；第四，强调对学生实施差异化教学，教师之间要协同教学。

（三）《培智学校义务教育课程设置实验方案》

《培智学校实验方案》依据《中华人民共和国义务教育法》《基础教育课程改革纲要(试行)》等文件的精神，提出培智学校课程设置要求。其包括四个板块内容，分别是培养目标、课程设置的原则、课程设置、课程设置的有关说明。

培养目标强调将智力残疾学生培养成适应社会发展的公民。根据培智教育的特点，提出课程设置的六项原则既重视关注特殊儿童与普通儿童的共性，同时又突出个性，强调必修课程与选修课程并存、分科课程与综合课程并举。这样既突出儿童一般需求的满足，也强调对儿童个别化需求的重视。课程设置的原则也体现了对培智学生生活适应能力的重视、潜能的开发、创新能力的发展，教育教学中注重贯穿教康整合理念。

《培智学校实验方案》提出"7＋5"共计 12 门课程，其中 7 门一般性课程，5 门选择性课程。与之前的培智教学文件、方案相比，培智学校义务教育课程更加强调以生活为核心，将工具类学科"语文""数学"全部加上"生活"二字，变为"生活语文""生活数学"。课程设置的有关说明部分详细阐述了 12 门课程的内容及目标，并强调个别化教育教学的重要性以及课程评价的多元化。

（四）培智学校义务教育课程标准（2016 年版）

2016 年，国家在《培智学校义务教育课程设置实验方案》的基础上，颁布了培智学校义务教育课程标准(2016 年版)。培智学校课标中呈现了"7＋3"共计 10 门课程的课程标准，去掉了《培智学校实验方案》中的第二语言、校本课程两门选择性课程。培智学校课标的内容构成如图 7-3 所示。

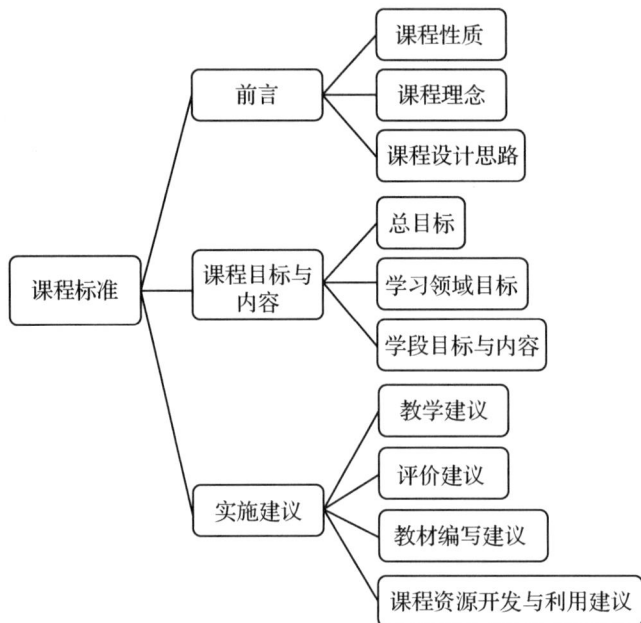

图 7-3　培智学校课标的内容构成

三、我国义务教育阶段培智学校课程的发展趋势

（一）课程适用范围的变化

课程适用的特殊儿童的类型在不断发生变化。1987 年的文件指出培智学校仅招收轻度智力残疾儿童；到 1994 年的时候，文件强调适龄中度智力残疾儿童少年可以进入培智学校就读；到 2007 年，培智学校服务于义务教育阶段的所有智力残疾学生。

此外，招收附加条件也在不断变化。1987 年对学生的智商要求为 50～70 或 55～75，而且需要具有相当实用技能以及一般在指导下能适应社会的能力；1994 年对学生的智商要求为 40～55，而且提出适应行为中度落后；到 2007 年取消了所有附加条件。

（二）培养目标与培养任务的变化

2007 年，《培智学校实验方案》立足于"公民"培养，强调生活态度、生活技能、生活方式以及健康行为习惯的养成，相较于 1987 年《教学计划》的生活自理能力、1994 年《训练纲要》的准备进入社会的任务要更加全面、具体。可见，生活适应、社会适应成为课程设置的基本着眼点。

（三）课程设置原则的变化

2007 年，《培智学校实验方案》的"一般性与选择性相结合"是对 1994 年《训练纲要》中"共性与个性相统一原则"的继承与发展；分科课程与综合课程相结合，打破原有分科课程的局限性，增加课程的灵活性；生活适应与潜能开发相结合，改变了原有矫正缺陷、补偿缺陷的观点，立足缺点的同时善于发现学生的潜能，更加强调学生主动性的培养；教育与康复相结合，符合特殊教育领域中"教康整合"的理念，使得特殊教育不再"孤军奋战"，强调支持系统的建构。

（四）课程设置内容的变化

1987 年，《教学计划》明确规定培智学校开设的课程有 7 门；1994 年，《训练纲要》针对中度智力残疾学生开设 3 门课程；2007 年，《培智学校实验方案》提出"7＋5"课程模式，强调开设必修课的同时，依据学生的身心发展特点适当开设包括校本课程、第二语言在内的选修课程；2016 年，在课程设置实验方案的基础上，培智学校课标确定培智学校开设"7＋3"共 10 门课程。具体内容如表 7-1 所示。

表 7-1　课程设置内容的变化

文件名称	课程		
	一般性课程	选择性课程	活动课程
《教学计划》	常识课、语文课、数学课、音乐课、美工课、体育课、劳技课		班队活动、文体活动、兴趣活动
《训练纲要》	生活适应、活动训练、实用语算		
《培智学校实验方案》	生活语文、生活数学、生活适应、劳动技能、唱游与律动、绘画与手工、运动与保健	信息技术、康复训练、第二语言、艺术休闲、校本课程	专题教育活动、班队活动、兴趣活动、综合实践活动
培智学校课标	生活语文、生活数学、生活适应、劳动技能、唱游与律动、绘画与手工、运动与保健	信息技术、康复训练、艺术休闲	

从国家课程标准的发展趋势可以看出，培智学校的招收对象由选择性变为"全盘皆收"；培养任务要求立足学生的实际，适应生活，适应社会；培智学校的教学灵活性、科学性、适应性不断提升；国家历年的课程改革方案也突出了个别化教育与教学的重要性。

四、我国义务教育阶段盲校课程、聋校课程的发展历史

（一）盲校课程的发展历史

2007 年，教育部修订了《全日制盲校课程计划（试行）》，印发了《盲校义务教育课程设置实验方案》（简称《盲校实验方案》）。其培养目标重在强调补偿缺陷、发展潜能，促进视力残疾学生的全面发展。课程设置的原则包含四个方面，指出在关注盲生与普通学生共性的同时，要更加关注盲生本身以及盲生之间的差异性，必须做到因材施教。同时，结合盲生的身心特点以及学科知识的内在关系，《盲校实验方案》突出"综合课程与分科课程相结合的原则"，帮助学生建构良好的知识体系，以满足学生的身心发展需求。课程结构方面指出建构三级课程体系：国家安排课程、地方安排课程以及学校安排课程，前者为主，后两者为辅。课程设置的有关说明方面指出盲校班级人数不宜超过 12 人，且应该注意无障碍环境建设以及课程评价的多元化、灵活性。

2016 年，教育部颁布了盲校义务教育课程标准（2016 年版）（简称盲校课标）。在《盲校实验方案》的指导下，教育部共制定了盲校 18 门学科科目的课程标准，既包含数学、语文、英语、物理等通识类基础性课程，也开设了定向行走、综合康复、社会适应等补偿缺陷、发展潜能类的课程。每门课程标准都详细阐述了课程的性质、课程目标、课程内容、课程实施等方面的内容。盲校课标的出现为盲校课程建设提供了参照，明确了要求，积极推动了盲校的课程建设。

（二）聋校课程的发展历史

1993 年，国家教育委员会颁布《全日制聋校课程计划（试行）》，2007 年根据基础教育课程改革以及特殊教育发展需要修订为《聋校义务教育课程设置实验方案》（简称《聋

校实验方案》)。《聋校实验方案》的出现标志聋校课程改革的全新开始，旨在将聋生培养为"四有"新人。课程设置的原则部分既强调学生培养要坚持共性与个性的统一，同时从学生知识体系建构的角度提出了综合课程与分科课程相结合的原则。

2016年，教育部颁布了聋校义务教育课程标准(2016年版)(简称聋校课标)。在《聋校实验方案》的指导下，教育部共制定了14门学科科目的课程标准，既包含语文、数学等必修课程，又有英语作为选修课程出现。除此以外，科学、历史与社会课程上给予聋校选择空间，可以依据本校情况决定是开设综合课程还是开设分科课程。课程设置有关说明部分重点强调了沟通与交往、综合实践活动、体育与健康课程对聋生的身心发展至关重要，这些课程为国家要求开设的必修课程。

五、我国义务教育阶段盲校课程、聋校课程的发展趋势

（一）课程设置突出了学生的主体地位，强调"共性"，突出"个性"

纵观盲校、聋校课程的发展历史，我们会发现课程设置方面在逐渐改变传统的以知识、课堂、教师为中心的教学模式，强调尊重学生的主体地位。《聋校实验方案》指出要坚持以人为本，遵循聋生身心发展的特点和规律；《盲校实验方案》提出要坚持以人为本，为造就高素质劳动者、专门人才和拔尖创新人才奠定基础。

"补偿缺陷、发展潜能"作为盲生、聋生课程设置、教育教学的原则，不仅强调尊重盲生、聋生的身心差异、特点，也在突出其作为"人"的共性。也许盲生、聋生的身心发展速度、质量都不及普通学生，但是其身心发展的顺序是一致的，其潜能也是可以开发的。针对"个性"特征，《盲校实验方案》提出面向全体与照顾差异相结合的原则，《聋校实验方案》突出均衡性与特殊性相结合的原则，均在强调根据学生的身心发展规律与特点开设相关课程，突出对特殊需求学生"个性"的尊重。

（二）建构三级课程体系，给予地方在课程设置方面更大的自主权

盲校、聋校课程设置逐步引导构建国家安排课程、地方安排课程、学校安排课程的三级课程体系，给予地方以及学校安排课程的自主性。国家课程作为课程体系的重要组成部分，作为必修课程出现；而课程设置方案也在强调根据地方以及学校的特点，

开发地方、校本课程，以适应社会和学生的需要。

（三）课程内容的选择强调促进学生的全面发展

盲校、聋校课程设置方案改变了传统的以数学、语文等学科课程为主的局面，增加了其他学科课程的比例，突出了沟通与交往、定向行走、综合康复等特色课程的重要地位，增设美育类、劳动类课程，突出特殊需求学生能力的全面发展。此外，课程设置原则部分强调综合课程与分科课程相结合、一般性与选择性相结合，关注学生的身心发展特点与学科知识的内在逻辑，有助于学生的全面发展。

教育质量是特殊教育学校的生命线，而课程是教学质量的根本，课程的发展对特殊教育学校的建设至关重要。特殊教育学校义务教育阶段课程跟随历史发展的步伐不断变革，逐渐探索出一条曲折又逐渐平坦的发展道路。

同步考核 ⋯⋯▶

一、判断题

1.《中度智力残疾学生教育训练纲要(试行)》强调对重度智力障碍儿童的教育训练。
（　　）

2.《盲校义务教育课程设置实验方案》强调盲校班级人数不宜超过 12 人。（　　）

3. 沟通与交往、综合实践活动、体育与健康课程对聋生的身心发展至关重要，为国家要求开设的必修课程。（　　）

二、单选题

1. 1987 年 12 月 30 日，国家教育委员会颁布了《全日制弱智学校(班)教学计划》。其指出弱智学校(班)应以招收（　　）智力残疾儿童为主。

A. 轻度　　　　　　B. 中度　　　　　　C. 重度　　　　　　D. 极重度

2. 2007 年，国家颁布的《培智学校义务教育课程设置实验方案》提出培智学校课程设置模式为（　　）。

A. 7＋5　　　　　　B. 7＋3　　　　　　C. 5＋5　　　　　　D. 8＋2

3. 2016 年，国家出台的培智学校义务教育课程标准(2016 年版)规定必修课程有
(　　)门。

A. 7　　　　　　　　B. 3　　　　　　　　C. 5　　　　　　　　D. 8

三、填空题

1. 1994 年，国家颁布了《中度智力残疾学生教育训练纲要(试行)》。其教育训练的
内容包括_____、活动训练、_____。

2.《培智学校义务教育课程设置实验方案》充分考虑了智力残疾学生的需求和特点，
构建了由_____和_____两部分组成的培智学校课程体系。

3. 国家培智教育的系列文件指出每节课的上课时间以_____分钟为宜。

📎 | 岗位小贴士 |

表 7-2　培智学校课程计划

年级	一般性课程（节）							选择性课程（节）				
	生活语文	生活数学	生活适应	劳动技能	唱游与律动	绘画与手工	运动与保健	信息技术	康复训练	第二语言	艺术休闲	校本课程
低年级	3～4	2	3～4	1	3～4	3～4	3～4	6～9				
中年级	3～4	2～3	2～3	2	3～4	3～4	3～4	6～9				
高年级	4～5	4～5	1	3～4	2	2	2～3	6～10				

表 7-3　培智学校课程设置及比例

年级	一般性课程（%）							选择性课程（%）				
	生活语文	生活数学	生活适应	劳动技能	唱游与律动	绘画与手工	运动与保健	信息技术	康复训练	第二语言	艺术休闲	校本课程
低年级	10～12	6～7	11～13	3～4	10～12	10～12	10～12	20～30				
中年级	10～12	8～9	7～8	5～6	10～12	10～12	10～12	20～30				
高年级	13～15	13～15	3～4	8～9	6～7	6～7	11～13	20～30				

▶任务三
特殊教育学校校本课程建设

◎ | 任务情境 |

　　某培智学校一年级教师张某某承担班级生活适应课程的教学工作。在学期初备课时，张老师发现学校选购的国家统编教材中的内容与班级学生本学期的个别化教育计划与目标不匹配。而学生生活适应能力培养需要教师根据学生的情况以及学校现有资源去重新选择课程内容。

　　思考：教师应该如何解决遇到的问题？如何选择适合学生的课程内容？如何编制适合本校学生使用的校本课程？

　　本部分主要介绍特殊教育学校校本课程的主要内容，包括特殊教育学校校本课程的定义、类型、建设的意义与价值以及编制等内容。本部分要求对校本课程形成基本的认识，并能够参与学校校本课程的编制工作。

一、特殊教育学校校本课程概述

（一）校本课程

　　校本课程是学校根据自己的教育理念，在对学校学生的需求进行系统评估的基础上，充分利用当地社区和学校的课程资源，通过自行研讨设计或与专业研究人员、其他力量合作等方式编制出的多样化的、可供学生选择的课程。

（二）特殊教育学校校本课程

　　特殊教育学校校本课程是指特殊教育学校为满足学生的特殊教育需要，以社会或所处社区为背景，以特殊学校自身为中心自主计划、实施和评价的课程。

（三）特殊教育学校校本课程的类型

　　特殊教育学校校本课程包括学校自己独立开发的课程，还包含学校整合多方力量

(高校、机构)共同开发的课程。

（四）特殊教育学校校本课程开发的方式

1. 选编

选编是参照现有校本课程，结合本校课程的实际，对现有课程内容进行挑选、改编，形成本校自己的校本课程。

①从现有校本课程中选择适合本校的内容，整合、重组，形成本校课程体系。

②依据本校学生的需求，对现有课程内容进行拓展、延伸。

2. 翻译

翻译是将国外的校本课程翻译、使用。

3. 自编

自编是根据本校的实际自编课程。

二、特殊教育学校校本课程建设的意义与价值

（一）完善了国家三级课程体系

三级课程体系中，国家课程是以国家为课程开发主体的课程；地方课程是在遵循国家课程思想的前提下，地方主管部门依据地方发展以及学生需要，结合地方特色而开发的课程；校本课程是以学校为课程开发的主体，强调依据本校学生的身心发展特点以及本校的办学特色编制的适合本校的课程。校本课程弥补了国家课程、地方课程中无法满足学生身心发展需求的部分，完善了国家三级课程体系。

（二）满足特殊教育学校学生的教育需求

随着我国融合教育的快速发展，越来越多轻度、中度的特殊学生进入普通学校随班就读；特殊教育学校接收的特殊学生的障碍类型越来越复杂，障碍程度越来越重。学生之间的日渐明显的差异性，统一的课程、一致的要求，无法真正满足特殊学生的身心发展需求。校本课程充分考虑了学生之间的差异性，赋予学校、学生自主发展的权力。

（三）展现特殊教育学校的办学特色

校本课程的开发把本校的办学理念、办学宗旨以及教育哲学思想蕴含其中，能够充分体现办学特色。

（四）有利于教师专业成长和学校办学水平的提升

对于国家课程、地方课程，教师都是被动的实施者。校本课程的出现要求教师不仅是课程的实施者，还需要承担课程的设计者、组织者等角色。课程开发既是一个学习的过程，也是一个提升专业理论知识水平、专业能力的过程，督促教师从纯粹的技术型教师向反思型教师过渡，进而不断提升专业能力。作为特殊教育学校的"软件"的师资水平提升了，特殊教育学校整体的教学质量、办学水平也会得到一定程度的提升。

三、特殊教育学校校本课程的编制

（一）组建课程编制团队

团队成员可以邀请本校教师、教务主任、校外课程专家、教育专家、家长、学生代表等参与课程编制。团队合作既可以确保课程编制的科学性、规范性，又可以确保课程编制的多元化，避免课程内容的单一性、片面性。

（二）明确办学理念

办学理念是学校的基本点，是学校价值观的体现，是学校的顶层设计。明确办学理念，既是学校自身发展的需要，也是学校办学特色的体现。例如，昆明市五华区新萌学校的办学理念是"尊重生命，以德育人，促进学生人性社会化发展"；深圳元平特殊教育学校基于"以人为本"的办学理念开发校本课程。

（三）确定培养目标

特殊教育学校的培养目标是依据国家教育目的以及特殊教育学校的办学性质而提出来的，是培养要求的具体呈现。例如，昆明市盘龙区培智学校的培养目标是"培养具有健全人格的自尊、自信、自强、自理、自律的社会人"；上海市某特殊教育学校的培养目标"把学生培养成可持续发展的、有自助技能的人"。

（四）撰写课程目标

课程目标主要是阐述清楚课程具体要实现的目标是什么以及课程有怎样的意图。课程目标是学校的办学理念、培养目标的具体体现，是课程编制过程中的关键环节。明确了课程目标，就把握了课程的方向。例如，培智学校中的生活语文课程的目标是提高学生适应生活的语文素养，让学生养成良好的学习习惯，能在生活实践中学习和运用语文知识和技能，为其适应生活和适应社会打下基础。

（五）搭建课程结构

课程结构即课程框架、课程的骨架体系。搭建课程结构可以采用工作分析法，根据对课程目标的分析、理解，选择课程内容，形成课程结构。下面以培智学校义务教育课程标准(2016 年版)为例进行分析。

1. 生活适应课程结构

图 7-4 为生活适应课程结构。

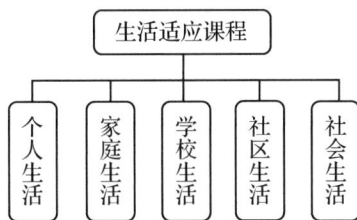

图 7-4　生活适应课程结构

2. 生活语文课程结构

图 7-5 为生活语文课程结构。

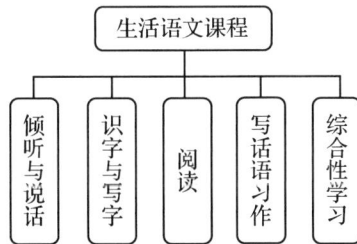

图 7-5　生活语文课程结构

3. 劳动技能课程结构

图 7-6 为劳动技能课程结构。

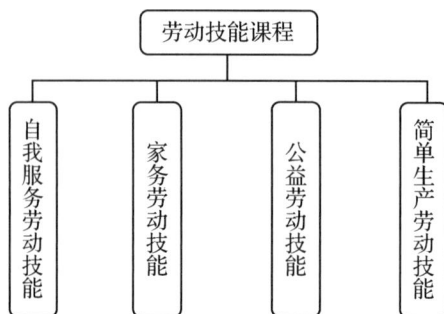

```
                    劳动技能课程
        ┌───────────┬───────────┬───────────┐
     自我服务       家务劳动      公益劳动      简单生产
     劳动技能        技能         技能        劳动技能
```

图 7-6　劳动技能课程结构

4. 自编幼小衔接适应性功能课程结构

图 7-7 为自编幼小衔接适应性功能课程结构。

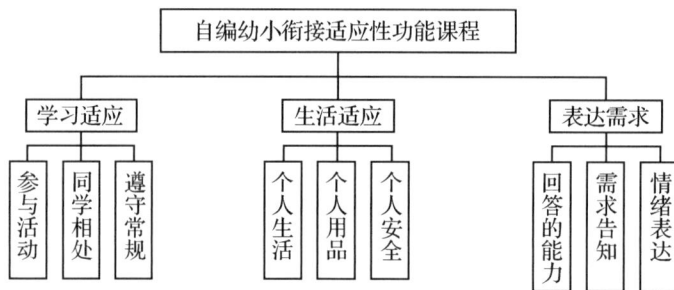

```
              自编幼小衔接适应性功能课程
        ┌─────────────┬─────────────┬─────────────┐
      学习适应         生活适应        表达需求
     ┌──┬──┬──┐     ┌──┬──┬──┐     ┌──┬──┬──┐
    参与 同学 遵守   个人 个人 个人   回答 需求 情绪
    活动 相处 常规   生活 用品 安全   的能力 告知 表达
```

图 7-7　自编幼小衔接适应性功能课程结构

（六）撰写课程内容

　　课程内容是指各门学科中特定的事实、观点、原理和问题及其处理方式。它是学习的对象，源于社会文化，并随着社会文化的发展而不断发展变化。特殊教育课程内容的选择需要充分考虑教育对象的身心特征及能力。此外，因为特殊儿童接受教育的目的是能够达到生活适应、社区适应、社会适应，因此在课程内容选择方面应该关注是否贴近儿童的日常社会生活。

　　课程内容的撰写可以采用动词＋名词(词组)的形式。这样可以确保课程内容的可操作性。例如，能够感知物体的多少、大小；学会控制自己的情绪；会自己清洗水果等。表 7-4 为自编幼小衔接生活适应课程内容。

表 7-4　自编幼小衔接生活适应课程内容

内容	分类	具体表现
生活适应	个人生活	提高如厕的能力
		提高个人清洁的能力
		增强饮食的能力
		提高就寝的能力
	个人用品	认识自己的物品
		能把物品放到自己用的位置
		能适当地使用自己的物品
		能适当地保管自己的物品
	个人安全	增强食品安全的能力
		增强药品安全的能力
		提高安全使用水电的能力
		提高安全使用器械的能力

（七）设置课程评量体系

课程评量体系主要是将课程内容进一步细化，划分等级。这样便于把握学习对象对课程内容的掌握程度、了解其现有能力，有助于个别化教育计划的拟订，提升教学的针对性、有效性。

课程评量标准的设置有多种方法，可以采用 0，1，2，3 的标准：0 代表对该课程内容完全不会，1 代表对该课程内容了解一点，2 代表对该课程内容了解大部分，3 代表对课程内容完全理解。也可以采用百分制：0 代表完全不会，25% 代表会做一点，50% 代表掌握一半的内容，75% 代表掌握大部分内容，100% 代表完全掌握。此外，也可以通过需要支持协助的程度来表示：全面支持、广泛支持、有限支持、间歇支持。课程评量标准的设置方法、方式多样，选择适合本校学生、教师使用的即可。表 7-5 为自编生活适应课程评量标准案例。

表 7-5 自编生活适应课程标准案例

内容	分类	问题	具体表现
穿着	学生会自己穿脱鞋子	询问或现场测试：会自己穿脱鞋子吗？	0 表示完全不会穿脱鞋子，需要他人协助
			1 表示需要他人运作协助，才能完成穿脱鞋子动作
			2 表示需要他人语言提示，即可完成穿脱鞋子
			3 表示能够自己完成穿脱鞋子动作
	学生会正确穿脱衣服	询问或现场测试：会自己穿脱衣服吗？	0 表示完全不会穿脱衣服，需要他人协助
			1 表示需要他人动作协助，才能完成穿脱衣服动作
			2 表示需要他人语言提示，即可完成穿脱衣服
			3 表示能够自己完成穿脱衣服动作

（八）开发资源，编写教材

根据课程内容，由课程编写团队共同合作开发资源，编写教材。教材是办学理念、培养目标、课程内容的载体，是落实课程的手段。特殊教育校本课程教材在编写过程中，可以参考国家统编普通教育、特殊教育教材资源，结合地方现有教材特色，依据本校学生的情况，利用多种途径收集、研发课程文字、图片资料，选编、整合、自编教材。除教材以外，还可以开发其他资源，如课件、图片、视频、挂图、工具包等资源。

（九）使用后再调整、修订

校本课程编制完成，在本校使用过程中需要关注课程目标是否符合学生的现有能力及需求，课程内容的选择是否适合学生，学生在学习过程中能力是否有所提升等。若发现问题，班级教师应及时反馈。课程编写团队成员商议、讨论、调整。

校本课程对促进特殊学生的身心发展至关重要，为特殊教育质量提升提供强有力的保证。校本课程建设应该引起特殊教育学校的重视。

校本课程编制
案例 1

校本课程编制
案例 2

同步考核 ·····▶

一、判断题

1. 特殊教育学校校本课程的开发包含九个步骤。（　　　）

2. 校本课程不包含在国家课程体系中。（　　　）

3. 在特殊教育学校，教材即课程。（　　　）

二、单选题

1. 课程评量体系主要是将(　　　)进一步细化，划分等级。这样便于把握学习对象对课程内容的掌握程度。

A. 课程标准　　　　B. 课程计划　　　　C. 课程方案　　　　D. 课程内容

2. (　　　)的发展完善了国家三级课程体系。

A. 校本课程　　　　B. 教材　　　　C. 管理体系　　　　D. 课程内容

3. (　　　)即课程框架、课程的骨架体系。

A. 课程标准　　　　B. 课程计划　　　　C. 课程结构　　　　D. 课程内容

三、填空题

1. 特殊教育学校校本课程开发的方式有选编、＿＿＿＿＿＿、自编。

2. 特殊教育学校校本课程是指特殊教育学校为满足学生的特殊教育需要，以社会或所处社区为背景，以＿＿＿＿＿为中心自主计划、实施和评价的课程。

3. 校本课程对促进特殊学生的身心发展至关重要，为＿＿＿＿＿提供强有力的保证。

思考与实践 ·····▶

1. 试论述特殊教育课程运用的步骤。

2. 请完成微型课程"我爱阅读绘本故事"的课程撰写。编写内容应包括课程理念、课程目标、课程组织结构、课程内容、课程评量标准等。

项目八 特殊教育教学

篇前语

　　教学作为学校教育中的主要活动，在学校整个教育系统中居于中心地位，是促进人全面发展的重要途径。特殊教育教学旨在满足特殊儿童学习的需要，协助特殊儿童最大限度地适应生活、适应社会。

项目思维导图

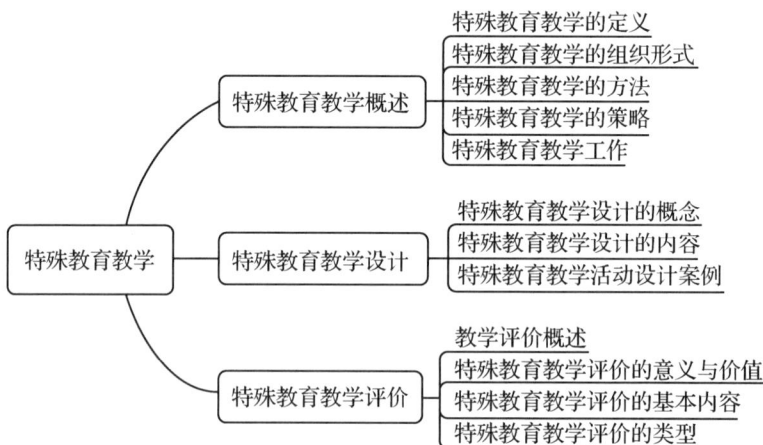

```
                                      ┌─ 特殊教育教学的定义
                                      ├─ 特殊教育教学的组织形式
                     特殊教育教学概述 ──┼─ 特殊教育教学的方法
                                      ├─ 特殊教育教学的策略
                                      └─ 特殊教育教学工作

                                      ┌─ 特殊教育教学设计的概念
  特殊教育教学 ──────  特殊教育教学设计 ──┼─ 特殊教育教学设计的内容
                                      └─ 特殊教育教学活动设计案例

                                      ┌─ 教学评价概述
                                      ├─ 特殊教育教学评价的意义与价值
                     特殊教育教学评价 ──┼─ 特殊教育教学评价的基本内容
                                      └─ 特殊教育教学评价的类型
```

学习目标

知识目标

1. 熟识特殊教育教学的主要内容，了解特殊教育常用的教学方法、教学策略等。

2. 掌握特殊教育教学设计包含的主要内容。

3. 了解特殊教育教学评价的基本内容。

能力目标

1. 掌握特殊教育教学活动设计的技能。

2. 掌握特殊教育教学评价的流程。

素养目标

1. 明确特殊教育教学设计、教学评价的重要性。

2. 能够积极主动参与到特殊教育教学工作中。

课前预习

特殊教育学校主要服务于各类特殊儿童。面对不同障碍类型、不同障碍程度的儿童，教师如何依据他们的身心特点和学习需求开展设计教学活动？如何选用教学方法？如何开展教学？

►任务一
特殊教育教学概述

📎 | **任务情境** |

　　某特殊教育学校刘老师为学生上生活适应课。依据班级学生的个别化教育计划，本学期四月的教学主题为"系鞋带"。刘老师将系鞋带这一教学内容进行细分，根据课时安排，依据班级学生的能力现状，设计教学活动，分步骤教给学生，直到学生掌握该技能。

　　思考：刘老师的教学中使用了哪些教学方法？教学方法的选择是否恰当？特殊教育中我们该如何组织教学？如何选择教学方法以及教学策略？

　　本部分主要介绍特殊教育教学的主要内容，包括特殊教育教学的定义、组织形式、方法、策略以及教学工作的基本环节。

一、特殊教育教学的定义

（一）教学

　　教学是教师的教和学生的学的共同活动。学生在教师有目的、有计划的指导下，积极、主动地掌握系统的文化科学基础知识和基本技能，发展能力，增强体质，并形成一定的思想品德。

　　教学有其自身的特点：①教学是师生双边的共同活动；②教学目的明确，旨在促进学生的身心成长；③教学活动的开展不仅关注学生，也在强调教师的同步成长与发展。

（二）特殊教育教学

　　在特殊教育教学中，特殊教育教师发挥主导作用，服务处于主体地位的特殊儿童。

在特殊儿童的个别化教育计划拟订以后，教学进度排出以后，按照预定活动方式、步骤，教学双方通过教学方法运用、借助教材教具，在一定的教学场景和时空中展开行动，变所有设计为学生获得知识、能力的过程。它包括准备教学、实施教学、教学评价三个阶段。

特殊教育教学有其自身的特点。特殊儿童既有其独特性，也有与普通儿童一样的共性。因此，教师在教学中要处理好共性与个性的关系。特殊儿童存在不同的障碍，但是特殊儿童也是有潜力可挖掘的，因此特殊教育教学中尤其强调教师有一双发现的眼睛，发现特殊儿童的不一样。

对于教师来说，教师的教学活动可以在课堂中开展，也可以出现在课间。吃饭、就寝都有教师教育元素存在，因此教师的教学时段区分不明显。特殊儿童，尤其是障碍程度严重者，一生中接受教育的机会有可能只有义务教育的九年；教师，尤其是班主任，有可能是特殊儿童一生中唯一的班主任，师生关系独特。鉴于特殊儿童的特殊性，教师不仅要掌握教学技能，也需要具备一定的康复技能，以便更好地服务特殊儿童。因此，特殊教育教学更加需要双师型教师，而且非常强调教师间的协同教学，这样才能达到比较好的教学效果。

（三）特殊教育课程与教学的关系

特殊教育课程与特殊教育教学二者是无法分割的。特殊教育课程需要以教学为载体，特殊教育教学只有依赖特殊教育课程才能开展，二者互相促进、互相制约。

二、特殊教育教学的组织形式

教学组织形式是指教学活动中师生相互作用的结构形式，或者说是师生的共同活动在人员、程序、时间关系上的组合形式。

特殊教育教学的组织形式主要介绍以下三种。

（一）团体教学

1. 团体教学的定义

团体教学又称为班级教学，是教师以班级为单位，为整个班级开展教育教学活动的教学组织形式。特殊教育学校一般会以特殊儿童的年龄、障碍程度等为参考因素来分班。

2. 团体教学的优缺点

团体教学的优点在于，团体教学是由一位教师面对班级多个儿童，有助于教学效率的提高；同时也便于儿童之间的交流与合作，有助于培养儿童的团队协作精神。其缺点在于，教师无法同时关注每一个儿童，儿童身心发展的个别化目标往往容易被忽略，尤其是班级特殊儿童障碍程度、障碍类型差异较大的更容易影响到儿童学习的效果。

3. 团体教学的实施

目前我国大部分特殊教育学校还是采用团体教学的形式。若要在充分发挥班级团体教学效能的同时还能规避团体教学的弊端，可以根据班级儿童的差异情况，采用"同内容异目标"的方法开展教学，即班级儿童要学习的内容是一样的，只不过根据儿童的学习情况为儿童设定不同的学习目标。能力强的要求完全掌握，能力中等的要求部分掌握，能力较弱的要求基本掌握。目前我国很多特殊教育学校都在采用这样的团体教学形式。教师习惯将其称为分层教学，将班级儿童依据能力分为 A，B，C 三层，不同层次儿童的学习目标不一样。

（二）小组教学

1. 小组教学的定义

对于小组教学的定义，众说纷纭。特殊教育中的小组教学主要是由教师依据特殊儿童的障碍程度、障碍类型分组，以组为单位开展的教学活动。例如，有些特殊教育学校为了满足特殊儿童康复训练方面的需要，真正做到"教康整合"，会依据障碍类型、障碍程度将特殊儿童分为孤独症组、动作康复训练组、言语语言训练组、情绪行为障碍组。其中，孤独症组还会具体划分为低龄段组、高龄段组，动作康复训练组会进一步分为粗大动作训练组、精细动作训练组。这样便于教师给予特殊儿童更有针对性的指导与教学。

2. 小组教学的优缺点

小组教学的优点在于，儿童数量减少，有助于教师关注到每一个儿童，增加了教师与儿童互动的频率；便于儿童间的合作学习，培养儿童的团队协作能力；可以更有针对性、集中性地解决存在于特殊儿童身上的教育、康复问题，提高教育教学以及康复的有效性。

小组教学的缺点在于，需要的师资多于团体教学，对学校的师资力量要求进一步提高；不利于儿童班级集体意识的养成。

3. 小组教学的实施

目前特殊教育学校积极落实"教康整合"理念，在为特殊儿童开展教育教学的同时，也在积极开展康复训练。这样更有利于特殊儿童的身心成长。特殊教育学校可以将障碍类型、年龄、障碍程度等作为主要参考因素，进行分组，集中师资力量，为不同小组的特殊儿童开展教育、康复训练。同时，选择教育、康复内容时可以注意多选择需要高度参与、与人合作、与人沟通的内容，这些内容比较适合在小组教学环境中开展。

（三）个别教学

1. 个别教学的定义

个别教学即一对一教学，是教师对一个儿童开展的教学活动。在特殊教育学校，面对特殊儿童差异性较大的目标，教师往往会采用个别教学的形式来达成。

2. 个别教学的优缺点

个别教学的优点在于，个别教学可以真正做到"针对问题、解决问题"。教师依据个别化教育计划中高差异性的目标，采用个别教学的形式引导特殊儿童完成任务。这确保了教学的针对性、有效性，也可以保证教学的效果。教师仅仅面对一个特殊儿童，互动更充分，特殊儿童参与学习的效率更高。

个别教学的缺点在于，个别教学要求一位教师服务一个特殊儿童，对特殊教育师资数量提出挑战。个别教学需要更多的环境支持，且不利于培养特殊儿童与他人交往、团队协作等社会性行为。

3. 个别教学的实施

特殊教育学校选择采用个别教学的形式时，往往是因为特殊儿童的个别化教育计划中的目标无法在班级团体教学、小组教学中达成。开展个别教学时，教师要注意教学环境的安排，创设相对独立、安静的环境，避免出现分散特殊儿童注意力的因素。因为缺乏互动的机会，教师应注意教学方法、教学策略的选择与使用，调动特殊儿童学习的主动性，引导特殊儿童积极参与到学习中来。

三、特殊教育教学的方法

我国普通教育中的教学方法是多种多样的，包括讲授法、小组讨论法、演示法、练习法、实验法等。划分角度不同，教学方法也就不同。以上这些教学方法在特殊教育中会经常使用，但是特殊教育也有其较为常用的教学方法，如情境教学法、工作分析法。

（一）情境教学法

情境教学法主要是指利用日常生活中的人、事、物开展教育教学的方法。这一教学法在特殊教育领域运用广泛，主要是因为自然、真实的场景更容易被特殊儿童接受；而且生活、学习中的情境非常广泛，这也为特殊教育教学提供了更广阔的空间。

情境教学法划分的角度不同，分类也就不同。按照来源，情境可以区分为自然情境和创设情境。

自然情境是指自然存在的、无须刻意安排的情境，如去超市购物、乘坐公交车等；创设情境是指依据教育目的需要专门创设、安排的情境，如为了引导特殊儿童学习如何去超市购物，在学校专门创设一个超市的场景，让特殊儿童来模拟购物。无论是自然情境还是创设情境，它们均是根据教学目标，结合学校、社会资源来确定的，最终目的都是达成学习目的，提升特殊儿童的适应能力。

引导特殊儿童学习如何待人接物时需要使用情境教学法；帮助特殊儿童更好地参与一日生活时需要使用情境教学法；指导特殊儿童参与社会活动时也需要使用情境教学法。情境教学法的使用是比较广泛的，情境教学法的使用同样也要依据科学的方法、步骤，方可保证情境教学的有效性。

选择适合的情境是很关键的。教师要依据特殊儿童的学习目标、学校以及社会现有的资源、特殊儿童的经验确定情境；同时需要对情境进行具体的调查与分析，然后设计教学活动，继而实施教学活动。

（二）工作分析法

工作分析法是指采用一定的方法将学习中的某一任务分解为小目标或小任务的方法。教师通过对小目标和总目标的评量以及教学策略的实施，完成该项任务。工作分析法是一种化整为零、化繁为简，再化零为整，再综合分析、评量的工作方法，也是一种训练方法。

工作分析法是特殊教育教学中较常使用的一种教学方法。由于特殊儿童身心发展的速度、程度均落后于普通儿童，因此教师需要将学习内容进一步细化、分解，采用小步子原则开展教学。这样特殊儿童更易于接受，进而提升教学效果。

内容不同，工作分析的方法也有差异。教师可依据工作的顺序进行分析。比如，学习"洗手"，进行工作分析时教师需要依据洗手的步骤来分析。教师也可以依据工作水平、层次来分析。比如，学习"20以内的加减法"，进行工作分析时教师需要根据难易程度、特殊儿童的认知水平来分析。此外，还可以依据工作内容的构成来分析。比如，"能够穿脱外套"，进行工作分析时教师可以依据外套的种类来分析。

使用工作分析法需要把握工作的目标、内容、步骤等因素。在使用工作分析法时，教师首先需要明确工作的目标，通过对目标的分析，确定工作的步骤以及评量的标准，然后实施教学，教学实施后需要再评量，以检验工作分析法的使用效果。

在使用工作分析法时，教师可以采用顺序工作法。教师引导特殊儿童完成工作任务的第一个步骤，教师完成剩余步骤。接下来再由特殊儿童完成第一、第二步骤，教师完成剩余步骤。完成任务的过程中特殊儿童需要完成的步骤逐渐增多，而教师完成的任务在逐渐减少，最终引导特殊儿童掌握工作内容。另外一种工作分析法是倒序工作法。教师完成前面所有步骤，最后一步由特殊儿童完成，接下来再引导儿童完成最后两个步骤，以此类推。特殊儿童需要完成的步骤越来越多，教师逐渐退出。

下面以引导特殊儿童学会穿袜子技能为例对顺序工作法和倒序工作法进行分析。

穿袜子的步骤为：拿起袜子—卷起袜子—将袜子套在脚趾—向脚跟方向提袜子—从脚跟处向上提—整理袜筒。表8-1和表8-2分别为顺序工作法和倒序工作法的实施步骤。

表 8-1　顺序工作法的实施步骤

角色	步骤	角色	步骤
学生	拿起袜子	教师	卷起袜子—将袜子套在脚趾—向脚跟方向提袜子—从脚跟处向上提—整理袜筒
	拿起袜子—卷起袜子		将袜子套在脚趾—向脚跟方向提袜子—从脚跟处向上提—整理袜筒
	拿起袜子—卷起袜子—将袜子套在脚趾		向脚跟方向提袜子—从脚跟处向上提—整理袜筒
	拿起袜子—卷起袜子—将袜子套在脚趾—向脚跟方向提袜子		从脚跟处向上提—整理袜筒
	拿起袜子—卷起袜子—将袜子套在脚趾—向脚跟方向提袜子—从脚跟处向上提		整理袜筒
	拿起袜子—卷起袜子—将袜子套在脚趾—向脚跟方向提袜子—从脚跟处向上提—整理袜筒		

表 8-2　倒序工作法的实施步骤

角色	步骤	角色	步骤
教师	拿起袜子—卷起袜子—将袜子套在脚趾—向脚跟方向提袜子—从脚跟处向上提	学生	整理袜筒
	拿起袜子—卷起袜子—将袜子套在脚趾—向脚跟方向提袜子		从脚跟处向上提—整理袜筒
	拿起袜子—卷起袜子—将袜子套在脚趾		向脚跟方向提袜子—从脚跟处向上提—整理袜筒
	拿起袜子—卷起袜子		将袜子套在脚趾—向脚跟方向提袜子—从脚跟处向上提—整理袜筒
	拿起袜子		卷起袜子—将袜子套在脚趾—向脚跟方向提袜子—从脚跟处向上提—整理袜筒
			拿起袜子—卷起袜子—将袜子套在脚趾—向脚跟方向提袜子—从脚跟处向上提—整理袜筒

四、特殊教育教学的策略

（一）协同教学

协同教学与传统的班级教学相比，具有一定的差异性。协同教学建立在教学团队基础上(该教学团队一般是由两个或两个以上的教师以及若干辅助人员组成的)，要求依据教师各自的专业能力、专业水平，充分发挥教师个人的才能，共同规划，协商如何应用各种教学资源，进行合作教学，旨在改变教学的形态。

特殊儿童与普通儿童相比，其认知水平、理解能力、记忆力、专注力以及逻辑思维能力均存在一定的差距。传统班级授课制中的分科教学对于特殊儿童来说是一个挑战，分科教学意味着各门科目是相对独立存在的。教师负责该学科的教学工作，依据自己的理解建构该学科的知识体系，采用自己擅长的教学方法开展教学。因为教师与教师之间没有太多的交流、沟通，特殊儿童学习到的各门科目的知识、内容也是相对独立的。

协同教学强调教师之间有充分的沟通与合作，发挥专长，勇于创新，共同探讨并制订教学计划，设计教学活动方案，共同开展教学。这样的教学形式打破了传统分科教学的界限，加强了学科之间的联系，有助于特殊儿童更好地理解知识。协同教学不单纯强调教师之间的协同，还强调调动更丰富的教学资源、教学空间为教学服务。

（二）合作学习

合作学习是指小组学生通过互相合作而进行的学习。

传统的竞争式的学习可能会导致特殊儿童形成自私、冷漠的人际交往态度。而现代社会是一个多元、合作的社会，特殊儿童必须掌握沟通、合作的技能，方能更好地实现生活适应、社会适应。合作学习强调小组成员间通过合作完成学习任务，提升学业成就，树立团队协作意识，强化个人学习能力、社会适应能力。

合作学习的方法多种多样，有小组学习法、小组探究法、小组游戏竞争法、小组成绩区分法等。合作学习法的选择需要依据合作任务，明确合作目标，确定合作方案，选择合适的合作形式，设计合理的结构，同时还应考虑合作学习效果评价体系的建构。

五、特殊教育教学工作

特殊教育教学质量的关键在于师资队伍建设，在于教师的专业素养、教学水平。若想抓住这一关键因素，提升学校的教学水平，需要做好"四课"的研究与实践工作。所谓"四课"即备课、说课、上课、评课。

"四课"的具体内容与环节和普通教育差别不大，关键在于要关注学生的特殊性。例如，备课环节包含备教材、备学生、备教法等。因为学生的特殊性，备教材时教师不能完全照搬教材，需要依据学生的身心特点及个别化教育目标去统整教学内容；备学生时教师则需要充分考虑班级学生的能力，依据学生的现有水平，为学生制定分层教学目标。又如，上课环节要求教学过程安排紧凑，运用的教学方法多样，能够调动学生多感官参与。教师在关注班级团体目标达成的同时，也要关注到学生个别目标的完成情况。

教学工作是一个纷繁复杂的系统，伴随国家新课程改革，特殊教育教学水平也需要依据课程改革的基本要求不断改进与提升，以满足特殊学生的教育需求。

同步考核 ······▶

一、判断题

1. 特殊教育教学的组织形式应该以团体教学为主。（　　）

2. 特殊教育学校的个别化教育与教学指的就是个别教学。（　　）

3. 特殊教育教学的策略中提到的协同教学是指学生之间的协同。（　　）

二、单选题

1. （　　）主要是指利用日常生活中的人、事、物开展教育教学的方法。

A. 工作分析法　　　　　　　　B. 游戏教学法

C. 直接教学法　　　　　　　　D. 情境教学法

2. 特殊教育教学质量的关键在于( )建设。

　　A. 管理体系　　　　B. 基本设施　　　　C. 师资队伍　　　　D. 家校合作机制

3. 特殊教育教学中经常使用的情境教学法，划分角度不同，分类方法也不同。其中自然存在的、无须刻意安排的情境是( )。

　　A. 社会情境　　　　　　　　　　B. 自然情境

　　C. 家庭情境　　　　　　　　　　D. 创设情境

三、填空题

1. 工作分析法分为_____与_____。

2. 特殊教育教学的组织形式有_____、小组教学、个别教学等形式。

3. 特殊教育课程与特殊教育教学二者是无法分割的。特殊教育课程需要以教学为_____，特殊教育教学只有依赖特殊教育课程才能开展。

| 拓展阅读 |

班级教学的由来

　　古代中西方教育中的教学组织形式主要是个别教学。即使孔子"弟子三千"，也是通过个别教学进行教育的。每个弟子之间在原有程度、学习内容、学习进度上各不相同，没有一致的要求和规定。

　　工业革命之后，社会提出了普及义务教育的要求，教育的规模和效率都必须扩大和提高，个别教学无法满足这样的需求。于是班级教学(又称班级授课制)这种新的教学组织形式便应运而生了。

　　班级授课制是将学生按年龄和程度编成班级，使每一班级有固定的学生和课程，由教师按照固定的教学时间表对全班学生进行上课的教学制度。其优点是效率高，节约人力、物力；缺点是对学生的个别差异照顾不足。但它至今在世界范围内仍然是学校教学的基本组织形式。

▶任务二
特殊教育教学设计

| 任务情境 |

　　特殊教育学校王老师依据班级学生个别化教育计划将本月生活适应课程的主题确定为"我会洗手"。王老师查阅现有教材，发现该主题与所需不符，感到十分困惑，不知该怎样设计教学。

　　思考：王老师该如何确定教学内容？如何进行教学设计？

　　本部分主要阐述特殊教育教学设计的概念及内容，同时提供实践案例，旨在对特殊教育教学设计形成较为具体的认识。

一、特殊教育教学设计的概念

（一）教学设计的定义

　　教学设计是根据课程标准的要求和教学对象的特点，将教学诸要素有序安排，确定合适的教学方案的设想和计划。教学设计一般包括教学目标、教学重难点、教学方法、教学步骤与时间分配等环节。

（二）特殊教育教学设计的定义

　　特殊教育教学设计主要强调依据特殊教育课程标准、特殊儿童身心发展特点及需求，安排教学，拟订计划，设计合适的教学方案。

二、特殊教育教学设计的内容

（一）教学内容分析

　　教学内容分析是教师备课中的一项重要工作。教学内容分析的重点在于阐述教学思想，分析教学内容，明确教学目的，对顺利完成教学任务的意义重大。鉴于特殊儿童身心障碍的差异性，无法用统一的教材指导所有特殊儿童，教师需要依据特殊儿童身心发展的目标，结合现有教材以及其他资源，整合教学内容。

特殊教育教学中的教学内容分析包含三部分：一是根据各类特殊教育学校的课程设置实验方案，分析各类特殊教育学校课程设置的意图；二是根据各类特殊教育学校的课程标准，分析各门课程的目标；三是结合教材以及其他课程资源，分析该部分教学内容的知识结构、体系等。

下面以培智学校生活数学课"认识数字9"为例对教学设计进行分析。培智学校课程设置注重以生活为核心，强调满足学生生活适应、社会适应的基本需求。生活数学课程旨在引导学生获得适应生活所必需的数学的基本思想、基本知识、基本技能。本节课的内容"认识数字9"是在学生已经掌握数字1~8的基础上进行的，结合生活中的具体事物引导学生认识、书写、运用数字9。

（二）学情分析

因为学生在教学中处于主体地位，所以在教学设计中，教师需要全面了解学生，方能把教学内容与学生的实际联系起来，确保提供的教学内容既是学生需要的，也是学生能够比较容易接受的。

特殊教育教学中的学情分析需要具体分析班级特殊儿童的障碍类型、障碍程度以及认知水平、语言沟通能力等。鉴于特殊教育学校特殊儿童身心障碍的差异大，特殊教育学校大部分会采用分层教学的方式，以学习能力为参照标准将特殊儿童分为A，B，C三层，主要目的是提升教学的针对性。表8-3为培智学校生活语文课"爸爸　妈妈　我"学情分析案例。

表8-3　培智学校生活语文课"爸爸　妈妈　我"学情分析案例

学情分析	本班共有12名学生，其中男生11名，女生1名；按学生的认知水平和学习特点分为三层 A层的4名学生的语言发展良好，主动学习能力较强，能流利地跟读简单的句子，会用简单的句子进行交流 B层的4名学生的认知能力一般，学习较被动，在教师的帮助下能跟读词语

续表

学生分层		
		C层的4名学生患有中、重度孤独症，认知水平低，其中1名在教师的引导下偶尔会发音
学生分层	A层	王××、胡××、姜××、李××
	B层	付××、赵××、杨××、赵××
	C层	张××、杨××、王××、李××

（三）教学目标

教学目标即在教育教学过程中期待学生所能达成的学习结果。教学设计中的教学目标包含三个方面内容：知识与技能、过程与方法、情感态度与价值观。其中，知识与技能目标重点阐述此次学习中学生能够获得的知识、习得的技能；过程与方法目标主要阐述如何让学生获得知识、掌握技能，具体的教学过程是什么，采用了哪些教学方法，并需要进一步阐述能够提升学生身心发展的哪些方面的能力(如理解能力、语言表达能力、记忆能力、逻辑思维能力等)；情感态度与价值观目标主要描述通过学习引导学生树立怎样的人生观与价值观。对于特殊教育教学目标，建议可以依据学生的能力分层撰写。表8-4为培智学校生活语文课"爸爸 妈妈 我"教学目标案例。

表8-4 培智学校生活语文课"爸爸 妈妈 我"教学目标案例

教学目标	A层	B层	C层
知识与技能	能正确认读字卡"爸爸""妈妈""我""三口人"；并能在图片中指认爸爸、妈妈、我	在教师的帮助下认读字卡"爸爸""妈妈""我""三口人"；在教师的协助下指认图片	在教师的指导下能看图片认读"爸爸""妈妈""我""三口人"
过程与方法	借助音乐、视频、全家福等直观教学，通过讲练结合等方法掌握本课学习的知识；进一步提升语言表达能力、逻辑思维能力	借助音乐、视频、全家福等直观教学，通过讲练结合等方法掌握本课学习的知识；进一步提升语言表达能力	借助音乐、视频、全家福等直观教学，通过讲练结合等方法掌握本课学习的知识；提升语言沟通能力
情感态度与价值观	感受爱，懂得爱，学会爱爸爸妈妈，爱自己的家	感受爱，懂得爱，学会爱爸爸妈妈，爱自己的家	感受爱，懂得爱，学会爱爸爸妈妈，爱自己的家

（四）教学重难点

教学重点即学生必须掌握的专业知识和专业技能。教学难点是指教学中的部分知识或者技能是学生不容易学会或习得的。承接上面的教学目标，建议教学重难点也采用分层的方式撰写。表 8-5 为培智学校生活语文课"爸爸 妈妈 我"教学重难点案例。

表 8-5　培智学校生活语文课"爸爸 妈妈 我"教学重难点案例

教学重点	A 层：认读字卡"爸爸""妈妈""我""三口人"	B 层：在教师的帮助下认读字卡"爸爸""妈妈""我""三口人"；在教师的协助下指认图片	C 层：在教师的指导下能看图片认读"爸爸""妈妈""我""三口人"
教学难点	A 层：认读字卡"爸爸""妈妈""我""三口人"，并在图片中指认	B 层：在教师的帮助下认读字卡"爸爸""妈妈""我""三口人"	C 层：在教师的指导下能看图片认读"爸爸""妈妈""我""三口人"

（五）教学方法

教学方法多种多样，既包括教的方法，也包括学的方法。划分角度不同，教学方法的分类也不同。特殊教育常用的教学方法有情境教学法、游戏教学法、工作分析法等。特殊教育教学设计中过于单一的教学方法不易调动学生学习的积极性、主动性，因此教师需要注意教学方法使用的多样性。

下面以培智学校生活数学课"认识数字 9"为例对教学方法进行分析：根据本课的教学目标，采用游戏教学法、情境教学法，并借助现代化多媒体，将一些抽象的数学知识通过动静结合的课件图片展示出来，调动学生多种感官的参与，让学生在生活中体会数学，在实践中掌握数学。

（六）教具准备

教具是教学不可或缺的工具。教师凭借教具的演示，可以更加形象地展示教学内容，帮助学生理解、掌握学习内容。特殊教育教具设计、制作、选用不求华丽，主要考虑是否贴近生活，是否准确揭示知识的本质。

（七）课时分配

教案是教学内容与课堂教学的纽带和桥梁，是教学活动开展的依据。为保证教案更加详尽、具体可操作，教师可以为每个课时的教学活动撰写一个教案。

（八）教学活动

教学设计中的教学活动包含四个板块的内容：一是导入新课；二是讲授新课；三是巩固练习；四是课堂小结。教学活动无论如何设计，一般都不会脱离以上四个环节。只是特殊教育教学活动设计强调设计团体活动的同时，需要依据学生的情况撰写每一个环节个别学生需要完成的个别活动任务，以便学生个别化教育计划长、短期目标的落实。表 8-6 是培智学校生活语文课"爸爸 妈妈 我"教学活动案例。

表 8-6　培智学校生活语文课"爸爸 妈妈 我"教学活动案例

团体活动	师生活动层面	设计意图	个别活动
(一)创设情境，导入新课(约 3 分钟) 1. 播放视频《我有一个幸福的家》。 2. 观看视频，让学生想一想回答：视频中幸福的家里都有谁？ 3. 教师板书课题："7 爸爸 妈妈 我"。师带生读课题。	师：视频中幸福的家里都有谁？ 生：爸爸、妈妈、我。 师：今天我们一起来学习第 7 课"爸爸 妈妈 我"。	视频导入，通过视觉、听觉感知，激发学生的学习兴趣。创设情境，导入新课。	张××能静坐 3 分钟。
(二)教授知识(约 15 分钟) 1. 出示课件图片，展示班级里一个学生三口之家的照片，引导学生观察照片，数一数。知道家里有三口人，进一步引导学生说出字词"三口人"。(3 分钟) 采用范读、领读、分组读、学生轮读、"开小火车"趣味读、说词语找字卡等多种练习方式。 2. 出示爸爸的照片，问学生这是谁。出示字卡"爸爸"，由学生跟读，教师进行个别指导，纠正发音。对个别发音困难的学生，让他们感受声带颤动练习发音，向他们渗透语言康复训练内容。(2 分钟) 3. 出示妈妈的照片，问学生这是读。出示字卡"妈妈"。学生跟读，教师进行个别矫正，让他们指认妈妈的照片和字卡。(2 分钟) 4. 请学生找出"我"的照片，说出"我"。然后学生跟读。(3 分钟) 5. 借助每个学生的全家福，看照片指认并读出"爸爸、妈妈、我"。(2 分钟)	师：请同学们数一数图片上有几口人？ 生：三口人。 师：这是谁？ 生：爸爸。 师：这是谁？ 生：妈妈。	配课件图片，教师提问，进行启发式教学。整个过程采用范读、领读、分组读、"开小火车"趣味读、读词语找字卡等多种练习方式，把"我会读""我会认"的两个教学目标重点落到实处。	赵××在教师的帮助下能跟读生字词"爸爸、妈妈、我"。 赵××发音困难，通过感受声带振动练习发音。 张××、李××能静坐关注教师活动 15 分钟左右。

（九）板书设计

特殊教育教学设计中的板书设计与普通教育的差异不大。板书的主要作用在于信息传递。板书展现教学意图，突出教学重难点，引导学生的学习思路，建立知识的信息系统，便于学生直观地接受知识。板书设计的类型多种多样，有提纲式的、图画式的、对比式的等。教师应依据教学内容选择板书设计的类型。

（十）教学反思

教学反思主要由教师针对自己的教学活动设计、教学活动进行反思，查找不足，总结经验，目的在于能够进一步提升教育教学水平。教学反思是在教学活动实施以后进行的，重点反思教学结构的完整性、师生互动情况、教学方法的使用以及教学目标达成情况等。教师在进行教学反思时应该勇敢地自我剖析，这样才能发现问题，进而解决问题，有助于教学能力、教学水平的提高。

三、特殊教育教学活动设计案例

教学活动设计案例1

教学活动设计案例2

教学活动设计案例3

同步考核 ·····▶

一、判断题

1. 特殊教育教学设计主要强调依据特殊教育课程标准、特殊儿童的身心发展特点及需求，安排教学，拟订计划，设计合适的教学方案。（　　）

2. 特殊教育学校教学设计中的教学内容分析就是指对特殊教育学校教材的分析。
（　　）

3. 特殊教育教学设计中的教学方法应该依据教学内容，结合儿童的情况，做到方法多样化，便于吸引儿童的注意力。（　　）

二、单选题

1. 特殊教育教学中的学情分析需要具体分析班级儿童的（　　）以及认知水平、语言沟通能力等。

A. 家庭情况　　　　　　　　　　B. 社会环境

C. 障碍类型、障碍程度　　　　　　D. 社区环境

2. 教学设计中的教学活动包含（　　）个板块的内容。

A. 3　　　　　　　B. 4　　　　　　　C. 5　　　　　　　D. 6

3. 特殊教育教学设计中板书主要的作用在于（　　）。

A. 内容整理　　　B. 信息传递　　　C. 规范教学　　　D. 美观

三、填空题

1. 教学设计中的教学目标包含三个方面内容：知识与技能、＿＿＿＿＿＿＿、情感态度与价值观。

2. 特殊教育常用的教学方法有＿＿＿＿＿＿＿、游戏教学法、工作分析法等。

3. ＿＿＿＿＿＿＿主要是由教师针对自己的教学活动设计、教学活动进行反思，查找不足，总结经验，目的在于能够进一步提升教育教学水平。

▶任务三
特殊教育教学评价

任务情境

特殊教育学校教师通过观察一名学生的一日例行活动，分析该生在学校环境中不同时段的活动情况。通过与同龄人的比较，教师对该生在学校环境中的行为表现进行等级评量并了解该生的行为表现水平后，制订训练计划，提供有效的教学策略与建议。

思考：以上情境属于特殊教育中的哪种教学评价？该教学评价的优点是什么？特殊教育学校教学评价的意义与价值是什么？

本部分主要介绍特殊教育教学评价的概念、意义与价值以及特殊教育教学评价的内容与类型，旨在对特殊教育教学评价形成全面认识，以便于完善特殊教育学校的教学评价体系。

一、教学评价概述

教学评价是指根据教学目标对教学过程、教学框架、教学方法、教学结果等进行评价，教学评价是教学活动实施的重要环节。

特殊教育教学评价主要是指依据特殊教育教学中的团体目标、个别目标，通过一定的方法与途径，对特殊教育教学过程、教学结果、教学方法等进行评价，做出判断的过程。

二、特殊教育教学评价的意义与价值

第一，了解特殊儿童学习目标的达成情况，检测特殊儿童学习的质量和水平。

第二，检验教学目标的达成情况，检验教师的教学效果。

第三，检验教学过程安排的科学性、合理性，有助于教学目标的达成。

第四，有助于引导教师端正教学思想，有助于特殊教育学校教学质量的提升。

三、特殊教育教学评价的基本内容

（一）对学生学习的评价

对学生学习的评价主要包括评价学生的学习成效和进步情形。对学生的学习评价建议尽可能采用形成性评价，即在教学过程中，为了及时了解学生学习目标的达成情况，对学生做出教育判断。这样有利于及时改进、完善教学过程。

（二）对教师教学的评价

对教师教学的评价主要包括评价教师的教学设计(教学目标的选择、教学框架的设定、教学方法的使用等内容)是否完整、是否合理，评价教师的教学过程是否恰当，评价教师拟订的个别化教育计划是否合理等，既有形成性评价，也有总结性评价。

四、特殊教育教学评价的类型

（一）内部评价与外部评价

依据教学评价的主体，特殊教育教学评价可以分为内部评价与外部评价。

内部评价是指教师对自己的教学设计、教学效果的评价，在不断自我反思中去发现和完善自己的教学。外部评价主要是指教师以外的其他人进行的教学评价。外部评价可以突破教师个人的思想界限，可以协助教师拓宽思路，确保评价更加客观、公正。

（二）诊断性评价、 形成性评价和总结性评价

依据评价的作用，特殊教育教学评价可以分为诊断性评价、形成性评价和总结性评价。

特殊教育教学中诊断性评价的运用较为广泛。因为特殊儿童的身心存在差异，教师需要在教学前对班级每个特殊儿童进行教育评估，了解其身心发展现状，把握其现有能力。教师依据评估结果选择安置形式，制定学期、学年目标。诊断性评价可以提升教师教学的针对性、有效性，提升教育教学效果。

形成性评价重点强调在教学过程中进行评价，评价后再对教学进行调整。教师在特殊教育教学过程中对教学结果进行评定，对特殊儿童个别化教育计划各科目、各领域目标的达成情况进行分析。教师若发现不恰当的目标会组织小组研讨，及时调整，不断改进，不断提升教学效果。

总结性评价是在教学结束后进行的，是对教学目标、特殊儿童个别化教育计划目标达成情况的针对性评价。当然，总结性评价也包含对教学全过程的整体评价，以确定教学的效果、价值。

（三）特殊教育教学中经常使用的评价方法

1. 生态化评价

特殊教育教学非常重视特殊儿童与环境的交互状态。只有达到特殊儿童与环境的和谐共处，才能确保特殊教育最终目的的实现，即引导特殊儿童实现生活适应、社会适应。生态化评价主要就是评估特殊儿童与环境的关系，通过对特殊儿童处于特定生活环境的评价，确定教学内容，拟订个别化教育计划，通过教学引导儿童达到环境适应、生活适应的目的。

2. 动态评价

动态评价具有诊断功能，不仅能够评估特殊儿童的目前水平，而且能够通过提示协助系统建构，给予特殊儿童必要的指导与协助，使特殊儿童达到更高的水准。

教学评价具有考核和反馈的性质，主要目的在于对整个教学过程的评量，对特殊儿童个别化教育计划和教学设计的全面检查。教师可以通过多种多样的教学评价方法，评量教学效果，进而改进教学，在调整过程中不断提高教学质量。

同步考核 ·····▶

一、判断题

1. 教学评价是教学活动实施的重要环节。（　　　）

2. 动态评价不具有诊断功能。（　　　）

3. 生态化评价强调特殊儿童与环境的和谐共处。（　　　）

二、单选题

1.（　　　）主要是指依据特殊教育教学中的团体目标、个别目标，通过一定的方法与途径，对特殊教育教学过程、教学结果、教学方法等进行评价、做出判断的过程。

A. 特殊教育教学评价 　　　　　　　　B. 特殊教育教学策略

C. 特殊教育教学选择 　　　　　　　　D. 特殊教育教学流程

2. 依据评价的作用，特殊教育教学评价可以分为诊断性评价、（　　　）和总结性评价。

A. 支持性评价　　　B. 发展性评价　　　C. 操作性评价　　　D. 形成性评价

3. (   )是在教学结束后进行的，是对教学目标、特殊儿童个别化教育计划目标的达成情况的针对性评价。当然，它也包含对教学全过程的整体评价，以确定教学的效果、价值。

A. 支持性评价　　　　　　　　B. 发展性评价

C. 总结性评价　　　　　　　　D. 形成性评价

三、填空题

1. 教学评价可以检验教学过程安排的科学性、合理性，有助于_____的达成。

2. 特殊教育教学评价的主要内容包括_____与_____。

3. _____具有诊断功能，不仅能够评估特殊儿童的目前水平，而且能够通过提示协助系统建构，给予特殊儿童必要的指导与协助，使特殊儿童达到更高的水准。

思考与实践 ……▶

试论述特殊教育教学设计包含的主要内容。

项目九　个别化教育计划

篇前语

　　个别化教育计划尊重每个特殊儿童的身心特质和特殊需要，它将特殊儿童、家庭、学校、社区和社会联系起来，共同为特殊儿童提供适宜的特殊教育服务。它代表着特殊教育对每个特殊儿童的积极关注，体现着特殊教育因材施教的理念。

项目思维导图

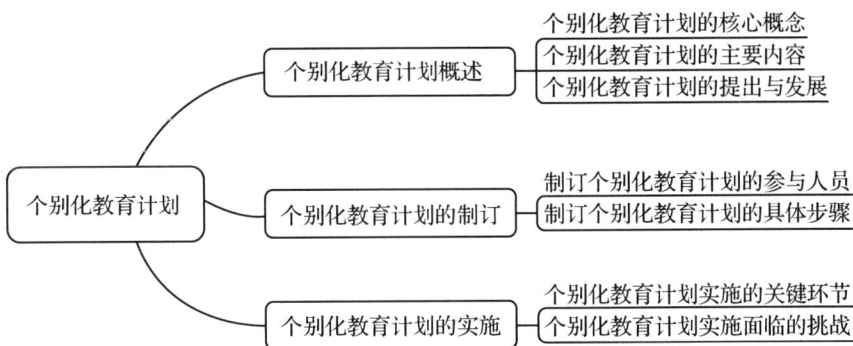

```
                              ┌ 个别化教育计划的核心概念
              ┌ 个别化教育计划概述 ─┤ 个别化教育计划的主要内容
              │                └ 个别化教育计划的提出与发展
              │
              │                ┌ 制订个别化教育计划的参与人员
个别化教育计划 ─┼ 个别化教育计划的制订 ─┤
              │                └ 制订个别化教育计划的具体步骤
              │
              │                ┌ 个别化教育计划实施的关键环节
              └ 个别化教育计划的实施 ─┤
                               └ 个别化教育计划实施面临的挑战
```

学习目标

知识目标

1. 掌握个别化教育计划的核心概念和主要内容。

2. 掌握制订个别化教育计划时的参与人员和具体步骤的相关知识。

3. 掌握个别化教育计划实施的关键环节，理解个别化教育计划实施过程中可能面临的现实挑战。

能力目标

1. 能够描述个别化教育计划，且能简要说明个别化教育计划的提出和发展过程。

2. 能够实际运用制订个别化教育计划的具体步骤，明确自己作为教师或其他专业人员参与制订个别化教育计划时需要完成的分内工作。

素养目标

1. 明确个别化教育计划对特殊儿童的重要性，愿意为特殊儿童制订和实施个别化教育计划。

2. 愿意不断提升自己的专业能力，以专业、细致、认真的态度对待个别化教育计划。

3. 能够理性看待个别化教育计划实施过程中面临的现实挑战，愿意不断努力，克服困难。

课前预习

观看视频：《个别化教育计划》

任务：初步了解个别化教育计划的背景、含义、功能、制订流程、关键环节、注意事项等内容。

▶任务一
个别化教育计划概述

一、个别化教育计划的核心概念

个别化教育计划，又称个别化教育方案，是最先在美国特殊教育界提出和全面实施的。它要求由地方教育部门的代表、医生、心理学和教育学方面的学者、教师、学校负责人、社会工作者、学生家长或监护人共同组成小组，为每个被鉴定有残疾的学生制订一份书面教育计划，作为帮、教该学生的工作依据。具体教育计划必须经家长或监护人同意方能实施，制订时亦听取学生本人的意见。[①] 它是由施测人员在对特殊儿童进行全面评估的基础上制订的书面文件。个别化教育计划的初衷是保证特殊儿童在特殊教育中获益，使特殊儿童真正享有公平的教育机会和教育资源，考虑特殊儿童今后的综合发展，最终希望帮助特殊儿童成长为能够独立、充分参与社会生活的人。

---

① 　林永馨：《特殊教育辞典》第三版，61页，北京，华夏出版社，2015。

二、个别化教育计划的主要内容

（一）特殊儿童的发展现状

特殊儿童的发展现状主要是指特殊儿童的身心发展水平，尤其是在学业成就和行为表现方面的现实水平。它应该包括特殊儿童的基本资料、目前主要表现、发展的优势与不足等。

特殊儿童的发展现状的撰写要依据个别化教育计划小组成员对特殊儿童的观察和评估，还可以借助专门的评估工具，如常模参照测验和标准参照测验等。

（二）长短期目标

个别化教育计划中的长期目标通常是指年度目标，短期目标则是年度目标在具体阶段的分解。

年度目标通常比较宏观，是一个概括性的目标，描述特殊儿童在一学年后应达到的水平。

短期目标可以从特殊儿童学科学习的教学大纲中引用，也可以从教学内容中总结。它应该是具体的、可测量的，在表述时应该包含目标达成的人物(谁)，在什么情况下(如独立完成、经过提示、听到上课铃时等具体条件)，做什么，做多好(频率、正确率或时长等具体要求)。

（三）应提供的教育服务

结合特殊儿童的教育需求、期望达成的目标以及实际情况，确定特殊儿童需要哪些教育服务，可以包含课程、教材、教具、教学方法、教学人员、频率、时间和地点等。不仅应有一般教育教学，还应包括对特殊儿童是否还需要其他专业服务的研判，如需要行为矫正、心理咨询、言语康复、动作康复等。另外，还可能包括一些额外注意的事项，如需要交通服务、医疗服务等。

（四）教育安置形式

根据特殊儿童需要的教育服务以及现实条件，确定特殊儿童的教育安置形式，应包含主要的教育安置形式以及在此教育安置形式下的具体安排，如在什么时段、多大程度上参与普通教育等。

（五）评价体系

个别化教育计划的评价体系应包含长、短期目标的评价方式、评价人员以及目标达成与否的标准；应包含个别化教育计划的实施成效的评价标准；还应包含在何种情况下应修改或重新制订个别化教育计划。

三、个别化教育计划的提出与发展

1975 年，美国颁布的《全体残障儿童教育法案》首次提出了个别化教育计划，要求为每个特殊儿童制订个别化教育计划，从而提供适当的教育。这一法案颁布后，实施效果良好。3 年后在美国接受特殊教育的儿童中 95％都有自己的个别化教育计划。个别化教育计划从此成为特殊教育中一项重要的教育管理工具。

此后，个别化教育计划随着相关法律的修订得到不断完善。1986 年，美国通过《残疾人教育修正法》，将原规定的 6～21 岁的个别化教育计划制订年龄范围延伸为 3～21 岁；1990 年，《残疾人教育法案》在个别化教育计划中增加了转衔服务的部分。1997—2004 年，个别化教育计划又经历了多次更加具有实用性的修改。20 世纪 70 年代后，个别化教育计划逐渐向世界各国的特殊教育界推广，最终成为特殊教育中一种世界性的共识。

✎ | 思考 |

除了本项目"任务描述"提到的个别化教育计划的主要内容外，结合特殊儿童独特的身心特质，还可以在个别化教育计划中补充哪些内容模块？

同步考核 ……▶

一、判断题

1. 个别化教育计划的英文缩写是 IDP。（　　）

2. 个别化教育计划是一种针对每个特殊儿童的、根据其身心特质和实际教育需要制订的教育方案。（　　）

3. 个别化教育计划一经制订，就是不能修改的。（　　）

二、单选题

1. 个别化教育计划制订对象的年龄范围是（　　　）。

A. 3～21 岁　　　　　B. 6～21 岁　　　　C. 3～18 岁　　　　D. 6～18 岁

2. 1990 年，美国《残疾人教育法案》在个别化教育计划中增加了（　　）的内容。

A. 学习情况评估　　B. 转衔服务　　　　C. 学期计划　　　　D. 家长期望

3. 个别化教育计划的评价体系不包含（　　）。

A. 长、短期目标的评价方式　　　　　　B. 评价人员

C. 目标达成与否的标准　　　　　　　　D. 个案的身心特征

三、填空题

1. 个别化教育计划中的长期目标通常是指_____。

2. 1986 年，美国通过了_____，将原规定的 6～21 岁的个别化教育计划制订年龄范围延伸为 3～21 岁。

3. 短期目标可以从特殊儿童学科学习的_____中引用，也可以从_____中总结。

▶任务二
个别化教育计划的制订

📎 | **任务情境** |

认真阅读本项目附录中的个别化教育计划案例。

独立思考：

①想要制订这样一份个别化教育计划，可能需要哪些人的参与？

②制订个别化教育计划可能需要哪些步骤？

小组合作：

在小组内分享和讨论自己独立思考的结果，进一步修改完善答案，形成小组总结，准备在全班进行分享。

为特殊儿童制订个别化教育计划是每位特殊教育教师应该具备的能力，但想要制订一份有可行性、有意义和价值的个别化教育计划也是每位特殊教育教师面临的挑战。个别化教育计划的制订并非一朝一夕之功，更不是凭借特殊教育教师的一己之力就可以完成的。本部分旨在学习和探讨制订个别化教育计划的参与人员及具体步骤，掌握制订个别化教育计划的方法。

一、制订个别化教育计划的参与人员

在开始制订个别化教育计划前，通常需要先成立一个专门的个别化教育计划小组。小组成员明确自己的分工责任，观察、评估特殊儿童的情况，参与讨论和分析，参加个别化教育计划会议，最终共同制订个别化教育计划。小组成员要依据特殊儿童的具体情况来选择。通常来说，应该包括以下人员。

（一）特殊儿童的父母（或主要照顾者）

特殊儿童的父母(或主要照顾者)在个别化教育计划的制订中需要完成如下工作：①如实提供特殊儿童在家庭或社区生活中的情况；②配合特殊儿童的诊断评估或日常教学；③说明自己对特殊儿童未来发展的合理期望，作为制订个别化教育计划中发展目标的依据。

（二）教师

依据特殊儿童的教育安置情况来确定参与个别化教育计划制订的教师人选。比如，特殊儿童在特殊教育学校就学，则特殊教育教师参与个别化教育计划的制订；特殊儿童在融合教育学校就学，则普通教育教师和资源中心特殊教育教师或巡回指导的特殊教育教师参与个别化教育计划的制订。

教师在参与个别化教育计划制订时需要完成如下任务：①如实提供特殊儿童在学校的表现情况；②参与特殊儿童的诊断评估或日常教学；③提供可行的课程调整和多元评估方案；④分析特殊儿童当前发展的优势与不足；⑤为特殊儿童家长提供咨询和指导。

（三）其他专业人员

根据特殊儿童的具体身心状况，制订个别化教育计划可能还需要心理咨询师、语言治疗师、物理治疗师、作业治疗师等各个领域的专业人员的参与。他们在参与个别化教育计划制订时主要负责以下工作：①提供专业的训练或服务；②提供相关专业领域的诊断评估，正确解释评估结果；③协助确定相关专业领域的发展目标。

（四）学校行政人员

学校行政人员在个别化教育计划的制订中需要完成如下工作：①提供、管理特殊儿童的基本资料；②从学校层面为特殊儿童个别化教育计划制订提供必要的资源和支持；③协调个别化教育计划小组成员及小组活动。

（五）教育行政机构代表

教育行政机构代表在个别化教育计划的制订中需要完成如下工作：①监督个别化教育计划的制订，确保个别化教育计划的质量；②从教育行政层面为特殊儿童个别化教育计划提供资源和支持。

（六）其他特邀人员

如认为有必要，还可以邀请其他相关人员或机构参与个别化教育计划的制订。

（七）特殊儿童本人

在特殊儿童本人具备参与个别化教育计划制订的能力的前提下，特殊儿童本人应全程或在某几个议题上参与自己的个别化教育计划的制订。如果特殊儿童尚不具备这种能力，可以通过一些其他方式让特殊儿童了解自己的个别化教育计划，确保个别化教育计划与特殊儿童本人的意愿不相违背(尤其在制订转衔计划时)。

二、制订个别化教育计划的具体步骤

（一）准备

准备步骤完成的相关工作，是后续顺利拟订个别化教育计划且保证个别化教育计划质量的基础。在这一步骤，需要收集特殊儿童的相关资料，包括特殊儿童的姓名、性别、年龄、障碍类别、障碍程度、主要表现、接受教育或康复训练的情况、家庭基本情况、主要照顾者情况、主要照顾者对儿童未来发展的期望等内容；完成特殊儿童的诊断评估；分析特殊儿童当前发展的优劣势；明确特殊儿童的特殊需求。

（二）召开个别化教育计划会议

召开个别化教育计划会议需要个别化教育计划小组全体成员参与。会议的主要目的是汇总准备阶段收集到的资料以及小组各位成员的看法和意见，确定符合特殊儿童需要的特殊教育服务。

个别化教育计划会议的议程主要包括以下内容：①介绍小组成员及各自职责；②说明会议目的和此次会议应重点讨论的问题；③提出特殊儿童现有的优势与不足；④确定未来的教育目标(应包括如何评价以及谁来评价是否达成目标)；⑤为达到目标需要的教育服务有哪些；⑥为达到目标需要参与的人员有哪些，各自的职责是什么；⑦其他额外需要的专业服务有哪些(如心理咨询、言语康复、动作康复等)；⑧研判特殊儿童当前的教育安置形式是否适宜，若不适宜则应进行有关转衔服务的讨论；⑨总结会议讨论结果，形成最终结论。

（三）拟订个别化教育计划

在个别化教育计划会议结论的基础上，个别化教育计划小组成员共同拟订个别化教育计划。拟好的个别化教育计划由个别化教育计划小组成员签署确定，并应给各位小组成员提供书面材料。

（四）总结

个别化教育计划拟订完成后，经过一段时间的实施或到个别化教育计划原定的截止时间时，个别化教育计划小组成员应再次召开个别化教育计划会议，讨论这一阶段个别化教育计划的实施情况及特殊儿童的发展情况，共同确定个别化教育计划是否需要修改或重新拟订。

同步考核 ······▶

一、判断题

1. 个别化教育计划的制订最好由一位熟悉个案情况的教师独立完成。（　　）

2. 特殊儿童的父母在制订个别化教育计划时应如实提供特殊儿童在家庭或社区生活中的情况。（　　）

3. 应该依据特殊儿童的教育安置情况来确定参与个别化教育计划制订的教师人选。（　　）

二、单选题

1. 应当全程参与个别化教育计划制订的人员可以不包括（　　）。

A. 特殊儿童的父母　　　　　　　　B. 特殊教育教师

C. 特殊儿童本人　　　　　　　　　D. 特殊儿童所在学校的行政人员

2. 在制订个别化教育计划的准备阶段，应该完成的工作不包括（　　）。

A. 收集特殊儿童的相关资料　　　　B. 完成特殊儿童的诊断评估

C. 分析特殊儿童当前发展的优劣势　　D. 撰写个别化教育计划

3. 学校行政人员在制订个别化教育计划时应承担的工作不包括（　　）。

A. 提供、管理特殊儿童的基本资料

B. 从学校层面为特殊儿童个别化教育计划制订提供必要的资源和支持

C. 提供专业的训练或服务

D. 协调个别化教育计划小组成员及小组活动

三、填空题

1. 在开始制订个别化教育计划前，通常需要先成立一个专门的_____。

2. 根据特殊儿童的身心发展状况，可能还需要_____、_____、_____、_____等各个不同领域的专业人员的参与。

3. 个别化教育计划拟订完成后，经过一段时间的实施或到原定的截止时间时，个别化教育计划小组成员应再次召开个别化教育计划会议，讨论这一阶段个别化教育计划的实施情况及特殊儿童的发展情况，共同确定个别化教育计划是否_____。

✎ | 岗位小贴士 |

个别教育计划简化内容

一、儿童的基本资料

儿童的基本资料包括姓名、性别、出生日期、就读学校、家庭成员。基本情况表包括：生理特征、出生史、健康史、教育史、居家生活情况、家长的担心和期望、家庭的长处和需要。

二、当前能力情况

当前能力情况包括测验名称、施测时间、施测者、结果摘要、备注以及现状描述。

三、教育目标

教育目标包括长期目标、短期目标。其涉及多个领域，即粗大动作、精细动作、认知、语言、社会、生活、自理，还需要写出活动或教学策略。

四、活动方案

五、相关人员签字、制定日期

▶任务三

个别化教育计划的实施

✎ | 任务情境 |

认真阅读本项目附录中的个别化教育计划案例。

独立思考：

①个别化教育计划实施的过程中包含哪些关键环节？

②个别化教育计划实施的过程中可能面临哪些现实挑战？

小组合作：

在小组内分享和讨论自己独立思考的结果，进一步修改完善答案，形成小组总结，准备在全班进行分享。

个别化教育计划制订完成后，一定要将个别化教育计划落到实处。这样才能保证个别化教育计划不是停留在书面上的一份材料，而是真正能让特殊儿童从中受益。在实施个别化教育计划时，教师起到了关键的作用。教师应该掌握个别化教育计划实施的关键环节，让个别化教育计划的实施行之有效。另外，教师也应了解个别化教育计划实施中可能面临的现实挑战，能够客观地看待这些挑战，努力克服个别化教育计划实施中面临的困难。

一、个别化教育计划实施的关键环节

（一）教育安置形式的确定

个别化教育计划明确了特殊儿童的教育目标以及为达成长、短期教育目标可能需要的教育服务。基于此，再结合特殊儿童生活地域的实际情况，可以确定适宜特殊儿童的教育安置形式。表 9-1 为特殊儿童的教育安置形式。

表 9-1　特殊儿童的教育安置形式

层次	特殊儿童的教育安置形式
层次一	在普通班接受教育
层次二	在普通班接受教育并提供辅助性教学服务
层次三	部分时间在普通班，部分时间在特殊班
层次四	全时在特殊班
层次五	在特殊学校、特殊教育机构
层次六	在家接受教育
层次七	在医院或照护机构接受教育
层次八	非教育性服务（医疗与福利机构等）

值得注意的是，特殊儿童的教育安置形式不应该是某个人决定的，而应该是综合考虑各方面的情况选择一个适宜的教育安置形式。

（二）课程的实施

在明确个别化教育计划中特殊儿童的发展目标以及教育安置形式的基础上，我们就可以对特殊儿童的课程进行设计和实施了。

对于在融合教育学校就读的特殊儿童，可能需要对普通学校的学科课程内容进行难度、数量、内容上的调整，或者增加功能性课程、补救性课程等。

对于在特殊教育学校就读的特殊儿童，需要在教学中注重突出与个别化教育计划发展目标相契合的内容，将其作为特殊儿童学习和掌握的重点，体现个别化教学，渗透个别化教育计划的目标。

对于需要其他额外专业服务的特殊儿童，如心理咨询、言语康复、动作康复等，应协调、联系好进行额外专业服务的地点、时段和专业人员，保证专业服务工作的顺利开展。

（三）目标达成情况的评价

个别化教育计划实施过程很重要的一环就是对特殊儿童长、短期目标的达成情况进行评价。一般而言，我们应该根据个别化教育计划中所确定的评价时间、评价方式、达成标准等来进行评价。在评价过程中，参与评价的人员都应尽量摒除自己主观的看法和意愿，尽最大可能保证评价结果的真实、准确。

二、个别化教育计划实施面临的挑战

（一）个别化教育计划未能与特殊儿童教育真正联系起来

一些教师认为即使没有个别化教育计划，特殊儿童也能够从自己的教学中获益，认为个别化教育计划带给教学的帮助是有限的，在实际教学中很少使用个别化教育计划。另外一项针对特殊儿童实际学习情况的调查研究也发现，一些特殊儿童的学习与他们的个别化教育计划之间的联系很少。

（二）制订个别化教育计划时人员的参与度不高

受到现实因素的制约，在制订个别化教育计划时，往往是教师承担了大部分的工作。有些特殊儿童的家长、行政管理人员等为个别化教育计划提供的信息和支持不足，导致个别化教育计划的制订和实施存在困难。

（三）教师个人的教育能力有待提高

在个别化教育计划具体的实施过程中，教师需要结合当前特殊儿童的发展状况以及课程教学条件等具体情况，进行灵活变通；还需要有意识、有计划地在教学过程中不断渗透个别化教育计划的目标。这对教师的知识水平和教学能力都提出了新的挑战。教师只有通过多种渠道不断提高自身的能力，才有可能真正将个别化教育计划的实施与特殊儿童的日常学习有机结合起来。同时注重加强师德师风建设，建成高素质教师队伍，将个人力量与团队力量相结合，推动个别化教育计划的实施。

同步考核 ······▶

一、判断题

1. 特殊儿童的教育安置形式不应该是某个人决定的，而应该是综合考虑各方面的情况选择一个适宜的教育安置形式。（　　）

2. 综合研判特殊儿童的情况，如果适宜的话可以选择部分时间在普通班而部分时间在特殊班的教育安置形式。（　　）

3. 对于在融合教育学校就读的特殊儿童，应该和普通儿童学习完全一样的课程，才是教育公平的体现。（　　）

二、选择题

1. 在特殊儿童的教育安置形式中，通常较适合极重度特殊儿童的安置形式是（　　）。

A. 非教育性服务(医疗与福利机构等)

B. 在普通班接受教育

C. 在医院或照护机构接受教育

D. 在普通班接受教育并提供辅助性教学服务

2. 在个别化教育计划中，除了让特殊儿童学习学校课程内容外，还可以补充安排的内容有( )。

A. 心理咨询   B. 言语康复

C. 动作康复   D. 艺术治疗

3. 一般而言，我们应该根据个别化教育计划中所确定的( )等来进行评价。

A. 评价时间   B. 评价方式

C. 达成标准   D. 学习态度

三、填空题

1. 对于在融合教育学校就读的特殊儿童，可能需要对普通学校的学科课程内容进行难度、数量、内容上的调整，或者增加_____等。

2. 个别化教育计划实施过程很重要的一环就是对特殊儿童_____进行评价。

3. 在明确个别化教育计划中特殊儿童的发展目标以及教育安置形式的基础上，我们就可以对特殊儿童的_____。

思考与实践 ……▶

个别化教育计划在实施过程中可能面临哪些现实挑战？

项目九附录——个别化教育计划案例

×× —×× 学年度第二学期

随班就读学生个别化教育计划

1. 随班就读学生综合分析表

<table>
<tr><td colspan="8">一、基本资料</td></tr>
<tr><td>学生姓名</td><td>×××</td><td>性别</td><td>男</td><td>出生日期</td><td>2003 年 2 月 27 日</td><td>出生地</td><td>×××</td></tr>
<tr><td>家庭住址</td><td colspan="5">××××××××××</td><td>邮政编码</td><td>××××××</td></tr>
<tr><td>父亲姓名</td><td>×××</td><td>职业</td><td>××××</td><td>联系电话</td><td colspan="3">×××××××××××</td></tr>
<tr><td>母亲姓名</td><td>×××</td><td>职业</td><td>××××</td><td>联系电话</td><td colspan="3">×××××××××××</td></tr>
<tr><td>主要监护人</td><td>×××</td><td>职业</td><td>××××</td><td>联系电话</td><td colspan="3">×××××××××××</td></tr>
<tr><td colspan="6">就读学校：××××× 年级：五年级 班级：2 班</td><td>班主任</td><td>××</td></tr>
<tr><td colspan="8">二、家庭生活及学习环境</td></tr>
<tr><td rowspan="3">主要家庭成员及文化程度</td><td>父亲</td><td colspan="2">母亲</td><td></td><td></td><td></td><td></td></tr>
<tr><td>□大学以上</td><td colspan="2">□大学以上</td><td></td><td></td><td></td><td></td></tr>
<tr><td>√初高中
□初中以下</td><td colspan="2">□初高中
√初中以下</td><td></td><td></td><td></td><td></td></tr>
<tr><td rowspan="2">居住条件</td><td colspan="7">□与父母住一屋　√有独立寝室　□有起居室　□有独立客厅　□有阳台</td></tr>
<tr><td colspan="7">□有独立餐厅　√有学习空间　□有自己的活动空间</td></tr>
<tr><td rowspan="3">居住环境</td><td colspan="7">住房类型：　√平房　　□楼房第＿＿＿层　□其他＿＿＿＿＿＿＿＿＿＿</td></tr>
<tr><td colspan="7">居住小环境：√绿地　　□休闲地　√临街　□其他　村中</td></tr>
<tr><td colspan="7">居住大环境：　□市区　　□城郊　√农村　□其他＿＿＿＿＿＿＿＿＿＿</td></tr>
</table>

社区环境	绿化：农村环境很好　　　　　　健身设施：村里有健身器材 医疗：镇里有医疗社区　　　　超市：小超市很多 其他：　　　无		
家长教养态度	当孩子出现以下情况时家长用什么方法 孩子发脾气时：给孩子讲道理 孩子愿望达不到时：争取让孩子满意 孩子不主动做家务时：教育孩子 孩子不听家长话时：批评教育 孩子说谎时：批评教育使孩子改正 孩子与他人有矛盾时：调解矛盾		
邻里关系	√熟悉　□不熟悉 √友好　□一般　　□不友好 必要时　√可以得到帮助　□不易得到帮助　　□无法得到帮助		

三、学习（班级）环境

班级气氛	班训是"勤学好问，合作进取"，目的是教育学生爱学、乐学，互相帮助，培养学生爱学习、乐于助人的好习惯		
人际关系	该生能够正常地和教师、同学交往，关系较为融洽；有时该生会和同学闹矛盾，但同学很包容他；他也乐于做班务劳动，大家很喜欢他		

四、身心健康情况

身体健康	一般病史	无
	服药情况	无
	特殊服务需求	无

续表

个性心理特征	学习动机	☐求知欲较低，对学习的兴趣不高 √有一定求知欲，依赖性强 ☐学习愿望不强烈，受情绪影响 ☐求知欲较高，能积极参与教学活动	学习品质	☐放弃回避学习中的困难、挫折 √在辅助下能面对、克服困难 ☐在陪伴下能克服困难 ☐能独立克服困难，正确面对挫折	
	学习习惯	☐丢三落四、无规矩，不能完成作业 √有一些学习习惯，但欠系统 ☐有一定的学习习惯，但潦草、正确率低 ☐有良好的学习习惯，能预习和复习	学习参与	☐不当众说话，提问也不回应 √能被动回答教师的问题 ☐能主动举手发言和参与小组讨论 ☐课上能积极发言，喜欢参加各种活动	
	注意状态	☐不能静坐，不会等候 √对感兴趣的学习内容有短暂注意 ☐上课时大部分时间能注意听讲 ☐能够专注地学完一节课	表达能力	☐发音口齿不清，表达能力较弱 √有一定表达能力，但欠完整 ☐能够表达完整的意思 ☐表达能力较强，能与他人进行沟通	
	认知能力	√能在提示下理解直观、形象的事物 ☐只能理解直观、形象的事物 ☐有一定抽象概括能力和综合能力 ☐有与普通学生相同的认知能力	交往能力	☐不能适应班级生活，与同学无交流 ☐能与个别同学比较自如地交往 ☐愿意与他人接触，参与活动 √与同学、教师交往自如，没有明显困难	
特殊行为观察	该生因为智力因素在上课遇到困难时不愿意克服，就会不听讲；需要教师时时鼓励，需要助学伙伴时刻帮助和提醒；无其他的特殊行为				
五、学习情况					
过去学习经历	入学前接受过正规的学前教育，没有接受过特殊教育和康复训练				

续表

现在学习 情况	该生头脑反应较慢，对于很多知识理解不了，记忆力也不强；有时能够学习，有短暂的学习愿望，学习基础较弱；但是教师要给该生讲解时，也能够倾听
六、智力、社会适应能力测验结果摘要	
智力测验	智商总分为 66 分
适应能力 测验	无
七、其他测评	
无	
八、个人学习风格	
该生在语言表达方面几乎没什么问题，不爱回答问题；课堂上在教师的提醒下能够倾听，也能够回答问题，能够参与课堂教学活动；在绘画方面有兴趣	
九、综合分析	
障碍类型	智障
障碍影响	影响理解能力
学习 优势	在教师和助学伙伴的帮助下能够倾听别人发言，性格比较开朗；课余时间其他学生愿意和他一起游戏，也会帮助他学习
发展潜力	能在助学伙伴和教师的帮助下参与学习
家长期望	希望孩子能学到基本的技能、技巧；能和集体融洽相处；能够适应班级生活，在学校学习生活感到快乐

2. 学期计划

学生姓名	×××	学科	数学	实施时间	××年×月至××年×月	任课教师	××
学科学习水平现状分析	该生有一定的学习欲望，但因学习感到吃力，不能坚持；基础知识较为薄弱；由于智力因素的影响，理解能力较弱，能进行简单的计算，但是对稍复杂的计算就感到吃力，逻辑推理能力、动手操作能力较弱；在教师和助学伙伴的帮助下有时可以进行模仿，但是独立解决问题存在困难；对很多知识的掌握都是在模仿教师和助学伙伴的操作，但是由于记忆能力较弱，因此学习的知识技能一两天后又会遗忘，需要教师和助学伙伴在课余时间对其帮助						
学期目标	在教师和助学伙伴的帮助下，本学期继续激发该生的学习兴趣，使其提高学习动力；继续培养该生的听讲、操作、回答问题等学习习惯；在课余时间为该生讲解一些简单的基础知识，最终使该生体验到学习的快乐，掌握基本的计算能力						
实施方法	1. 课堂上对该生多关注；助学伙伴及时帮助该生学习 2. 为该生准备简单、利于其思考和学习的学具，以便降低难度 3. 课堂上适时地提问该生一些简单的问题 4. 课余时间鼓励普通学生主动和该生一起游戏						
期末目标评估	通过本学期的学习，该生在教师和助学伙伴的帮助下，能够和普通学生在一起学习生活，能够建立起学习的信心，调动学习的兴趣；课堂中遇到简单的问题，能够积极主动地回答 虽说该生在智力的影响下理解能力较弱，但是课余时间里能够在教师和班里普通学生的关注下掌握基本的数学知识 在毕业考试中，该生取得了理想的成绩						
任课教师意见	同意实施 签字：_____ 日期：××年×月×日						
学生家长意见	同意 签字：_____ 日期：××年×月×日						
教导处意见	同意实施 签字：_____ 日期：××年×月×日						

3. 月/单元计划

学生姓名	×××	学科	数学	实施时间	××年×月至××年×月	任课教师	××
月/单元 目标	第一单元（小数）：认识小数，能正确读、写小数，会比较小数的大小，能较正确地改写小数，较正确地用四舍五入方法求小数的近似数 第二单元（小数加减法）：初步理解小数加减法的计算方法，较正确地进行计算，能解决生活中简单的实际问题 第三单元（实际问题）：初步理解相遇问题中的数量关系，能较正确地解答实际问题 第四单元（正数和负数）：在具体情境中会读、写正负数，了解负数的大小 第五单元（空间与图形）：认识垂线、平行线，较正确地画垂线和平行线 第六单元（统计和可能性）：感悟统计和可能性的实际应用，能运用所学知识解决简单的实际问题						
具体实施 措施	1. 课堂上对该生多关注；助学伙伴及时帮助该生学习，和该生一同操作、探究 2. 课堂上为普通学生准备学具和教具时，为该生准备简单、利于其思考和学习的学具，以便降低难度 3. 课堂上适时地提问该生一些简单的问题，既调动该生的学习积极性，又使其获得成就感 4. 课余时间鼓励普通学生主动和该生一起游戏，以便在学习和生活中及时地关心帮助该生						
月/单元 目标评估	第一单元：在助学伙伴的帮助下，会读写简单的小数，比较小数的大小，能较正确地改写小数，较正确地用四舍五入方法求小数的近似数 第二单元：在助学伙伴的帮助下，学会简单的小数加减法的计算方法，较正确地进行计算，能解决生活中简单的实际问题 第三单元：在助学伙伴的帮助下，初步理解相遇问题中的数量关系，能较正确地解答基本的实际问题 第四单元：在助学伙伴的帮助下，在具体情境中会读、写正负数，了解负数的大小 第五单元：在助学伙伴和教师的帮助下，认识垂线、平行线，较正确地画垂线和平行线 第六单元：在助学伙伴和教师的帮助下，感悟统计和可能性的实际应用，能运用所学知识解决简单的实际问题						
任课教师 意见	同意实施 签字：_____ 日期：××年×月×日						
学生家长 意见	同意 签字：_____ 日期：××年×月×日						
教导处意见	同意实施 签字：_____ 日期：××年×月×日						

任务实施

同步考核
参考答案